디디 시리즈 08
아이에이엔플러스 건축 | IaN+(이탈리아)

초판발행	2004년 8월 24일
지은이	아이에이엔플러스 건축
펴낸이	서경원
디자인	맹기영
펴낸곳	도서출판 담디
등록일	2002년 9월 16일
등록번호	제9-00102호
주소	서울시 강북구 수유6동 410-310 2층
전화	02-900-0652
팩스	02-900-0657
이메일	damdi900@dreamwiz.com
홈페이지	www.damdi.co.kr

지은이와 출판사의 허락 없이 책 내용 및 사진, 드로잉 등의 무단 복제와 전재를 금합니다.

정가 33,000원
ⓒ2004 IaN+, DAMDI
Printed in Korea
ISBN 89-91111-05-X-94540
    89-953598-1-1-94540 (set)

Design Document Series 08
MICROINFRASTRUCTURE | IaN+(Italy Architects)

First edition published	Aug 2004
Architect	IaN+
Publisher	Suh Kyong won
Designer	Maeng Ki young
Publishing Office	DAMDI Publishing Co.,Ltd
Address	2nd floor 410-310, Suyou 6 dong,
	Kangbuk gu, Seoul, Korea
TEL	+82-2 -900-0652
FAX	+82-2 -900-0657
E-mail	damdi900@dreamwiz.com
Homepage	www.damdi.co.kr

All rights are reserved. No part of this Publication may be reproduced, transmitted or stored in a retrieval system, photocopying, in any form or by any means, without permission in writing from the DAMDI and IaN+(Carmelo Baglivo, Luca Galofaro)

Microinfrastructure _IaN+/Italy
마이크로 인프라 스트럭처 _ 아이에이엔플러스 건축 / 이탈리아

CONTENTS

DD IaN+

008 **PROLOGUE**
DISCOVER REALITY
By IaN+ (Carmelo Baglivo-Luca Galofaro)

020 **E-MAIL CONVERSATION**
between Ilka & Andreas Ruby and IaN+

028 **CRITICISM**
Mutatis Mutandis, A resilient architecture
By Frederic Migayrou

■ **WORKS**

034 Mies van der rohe foundation
International competition Barcellona, Spain,
1998:_Honorable mention proprety: Frac Centre Orleans

038 Goethe' s House
International competition Tokyo Japan 1999
honorable mention proprety: Frac Centre Orleans

042 EUR Congress Centre
International competition Rome Italy 1998

050 HOUSESCAPE
International competition Almeria Spain 2000

056 Housing Almere
Europan 5 international competition Almere Netherlands 1998

062 Osaka Central Station Area
International competition Osaka Japan 2002

070 Parking Building Nuovo Salario
National competition Rome Italy 2001
First prize - construction 2006

080 Torvergata Laboratories
Roma Italy build 2004

084 European central bank
International competition - invited team at second round- 2003

092 Darmastadt congress centre
International competition Darmastadt Germany 2001
second round

098 New Tomihiro Museum
International competition Azuma village Japan 2002

104 New dada head office
Invited competition Florence Italy 2001

110 Facade Parking
Project financing saba, autostrade, astaldi,
vianini lavori Milan Italy 2003

116 Siena Stadium
International competition Siena Italy 2004

122 Daugava Enmbankment
International competition Riga Latvia 2003 second prize

128 Sportcity an Urban Concept
Hipercatalunya research territories
Barcellona Spain 2003 organized by Metapolis

146 Essay
The city with multiple accesses by Matteo Zambelli

164 FuturamaY2K
VII Venice biennal Italy 2000

168 Teletubi
Working at home-exibition Tokyo Japan 2003

170 Park lodges
National competition EUR parks Rome Italy 2002-first prize

172 Building the Human City
Exhibition design (with Ma0-2a+p-mulino) Roma Italy 2003

174 Landscape levels
Installation at casa dell'architettura in Rome Italy 2003

176 Elastic box
National competition Luce alla luce ferrara Italy 2001
First prize- realized 2001 Selected for Venice biennale 2004

180 Intimacy

182 Microutopias
Installation at II Valencia biennal Spain 2003

186 **Profile**

The project for a contemporary town has a much wider thematic horizon than the project for modern towns had; it investigates more varied situations in a perspective rejecting unification, codification, formal and linguistic reduction, and generalization.

Everything is self-regulated and organized around the relationship production-consume[1].

Despite the great variety of growth models in progress, the city is still based on a backward planning system.

Urban plans, indeed, have revealed to be unable of keeping up with the speedy changes: They have been created some guidelines for the urban development, but the reality of the events has denied their application.

It does not exist a unique use destination or a planning system, which has not been contradicted in the last few years... we work at home, live in office, trade in houses, learn in factories, give services in warehouses, create museums in gazometers... this revolution can produce showy phenomena from urban landscape point of view, but it reflects deep tectonical processes, continuous shifting and internal bradyseismes occurring within the urban engine[2].

The expansion is more and more occasional, and less governed and schedulable.

Urban change processes are ruled by stratified phenomena, controlled by operators interested almost exclusively in political and economical aspects; in fact, the capitalistic system has caused a degeneration of social qualities linked to the landscape development.

(If in 1999 Olympic Games represented for Barcellona an occasion to rethink the urban development, transforming the city from a town on the sea to a seaside town, today, 12 years after, the 2004 forum runs the risk to become a urban marketing operation, which will reshape the city in an exportable and reproducible model. Economically ludicrous, politically exploitable, but socially talked about: it is the loss of innocence of a globalized town.)

1 Massimo Cacciari in La citta Infinita Bruno Mondatori marzo 2004
2 Andrea Branzi, L'allestimento come metafora di una nuova modernita, lotus 115, dicembre 2002, p.97

PROLOGUE

DISCOVER REALITY
By IaN+(Carmelo Baglivo-Luca Galofaro)

현실의 발견
글 / IaN+

최신 타운 프로젝트는 현대 타운 프로젝트보다 훨씬 폭 넓은 주제 범위를 갖는다. 최신 타운 프로젝트는 원근법적으로 맞지 않는 통합, 체계화, 형식적이며 언어적인 축소, 일반화 속에서 더욱 다양한 상황을 조사한다.

모든 것은 관계 생성-소비관계를 둘러싸고 스스로 조절되고 조직된다[1]. 현재 진행중인 다양한 성장 모델에도 불구하고, 도시는 여전히 뒤떨어진 설계 시스템에 기반을 두고 있다.

실제로 도시 계획은 빠른 변화를 따라잡기 힘든 것으로 밝혀졌다. 도시 계획은 도시 개발을 위한 몇 가지 가이드라인을 만들어냈지만, 현실적으로는 가이드라인을 적용할 수 없었다.

유일한 사용 목적이나 설계 시스템이란 존재하지 않으며, 이런 사실은 지난 수 년 동안 한번도 반박된 적이 없다...... 우리는 집에서 일하고, 사무실에서 살며, 집에서 거래하고, 공장에서 공부하며, 창고에서 서비스를 제공하며, 가스 탱크에 박물관을 만든다...... 이런 혁명은 도시 풍경에서 눈에 띄는 현상을 만들어낼 수 있지만, 심오한 축조 과정, 지속적인 이동, 도시적 엔진 내에서 발생하는 내적 완만 지동을 반영한다[2].

확장은 점점 더 부차적인 일이 되어 가며, 통치와 계획 수립은 감소한다.

도시 변화 과정은 계층화된 현상의 지배를 받고, 정치와 경제적 측면에만 관심 있는 오퍼레이터의 통제를 받는다. 사실상, 자본주의 시스템은 조경 개발과 관련하여 사회적 특성의 퇴보를 초래했다.

(바르셀로나를 대표한 1999년 올림픽 게임이, 해변에 있는 타운에서 해안 타운으로 도시를 변형시켜서 도시 개발을 다시 생각해 보게 만든 계기가 되었다면, 12년이 지난 오늘날, 2004년 포럼은 도시 마케팅 사업이 될 수 있도록 노력함으로써 수출이 가능하고 재생 가능한 모델로 도시를 재형성하게 될 것이다. 세계화된 타운의 순수함의 상실이란 문제는 경제적으로는 큰 이득이 없으면서, 정치적으로는 이용 가능하며, 사회적으로 토론할 필요가 있는 문제라고 할 수 있다.)

IaN+

For these reasons, to talk about city today is more and more difficult for an architect, because it is not enough anymore the intent to control its development, following the diffusions of phenomena; It is necessary to accept the fact that there are no more city models, but different possible realities inside each city.

We are facing a clear example of "space densification": The city is not distinguishable anymore. The city is only apparently uniform, and even its name takes different sounds in the various districts[3].

According to Raymond Williams' observation, the city has become the model of contemporary world, new technologies of communication have reduced the continuity relationship among settlements, working places and command stations, the city is loosing its dominating role within the regional, national and continental context.

This progressive decadence of the material links of the city with its own landscape and inhabitants have put an end to the concept of boundaries; We will soon end up lost in an endless periphery whose center, or non center, will be a mere virtual place, or we all will be living in an immense town: the world.

The loss of boundaries and the transformation of the landscape in a geography of events has produced in the contemporary project crossings and intersections, in the purchase of autonomous thematical logics, interventional scales and techniques.

In this situation of space-crisis, the landscape is still specializing and the architectural job becomes a translating process of these logics, a "loosing oneself" in the network of reality to find, through the project, a concept of living inside urban systems.

Today, for an architect is more necessary to analyse and understand reality to interpret it and to be able to have effects on it through architecture.

What is the meaning of living in a town, where boundaries have continually crossed and semantic addresses become more and more confused by traffic? How can we transform these spaces in living places?

In that floating world Japaneese call Ukiyo, in the irresolute reproduction of reality, where images change and the meaning shifts

[3] Walter Benjamin, Paris capitale du XIXeme siecle: le livre des passages, les editions du cerf, paris 1989

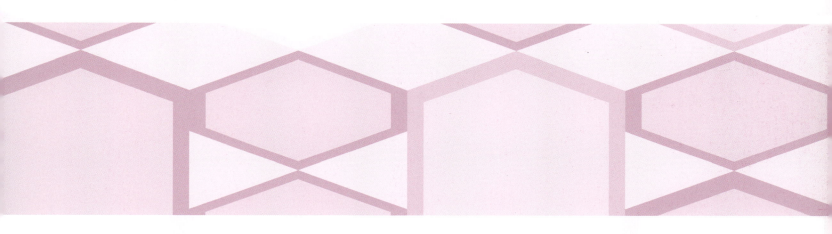

이런 이유로, 오늘날 도시에 대해 토론한다는 것이 건축가로서는 점점 더 어려운 일이 되었다. 그 이유는 현상의 확산에 이어 개발을 통제하기 위한 의도가 더 이상 충분하지 않기 때문이다. 더 이상 도시 모델은 없지만 각 도시 내에 다른 현실이 있을 수 있다는 사실을 받아들일 필요가 있다.

우리는 '공간 치밀화'에 대한 뚜렷한 예를 눈 앞에 보고 있다. 도시는 더 이상 구별가능하지 않다. 도시는 겉으로 보기에만 획일적이며, 도시명은 다양한 구역에서 다르게 나타난다[3].

레이몬드 윌리엄의 의견에 따르면, 도시는 현대 세계의 모델이 되었고, 커뮤니케이션의 새로운 기술로 인해 거주지, 직장, 지휘 본부 사이에서 연속성의 관계가 축소되었으며, 도시는 지역, 국가, 대륙적 맥락에서 지배적인 역할을 잃어가고 있다.

물질의 혁신적인 퇴보는 도시를 자체 조경과 연결시키며, 거주자는 경계 개념에 종지부를 찍는다. 우리는 곧 끝없는 주변에서 길을 잃고 말 것이며, 그 주변의 중심이나 비중심은 단순한 가상 장소가 되거나, 아니면 우리는 광활한 타운인 세계 속에서 살게 될 것이다.

그 결과 생긴 지형에서 경계의 손실과 조경의 변형은 현대 프로젝트 횡단과 종단, 자율적 주제 논리의 획득, 조정 규모와 기술에서 만들어진다. 공간 위기적 상황에서 조경은 여전히 전문화되고 있으며, 건축 작업은 프로젝트를 통해 리빙 인사이드 도시 시스템의 개념을 찾기 위하여 현실이라는 네트워크에서 느슨한 논리의 변환 과정을 갖는다. 오늘날, 건축가는 현실을 분석하고 이해할 필요가 더 절실하게 요구된다. 이렇게 함으로써 건축가는 현실을 해석해서 그 결과를 건축을 통해 영향력을 행사할 수 있다. 타운에서 산다는 것은 무슨 의미인가? 어디에서 경계는 지속적으로 교차되며 의미상 주소가 교통 때문에 점점 더 혼돈스러워지는가? 이들 공간을 어떻게 생활 장소로 바꿀 수 있는가?

급변하는 세상에서 일본인들은 현실의 우유부단한 재생산에서 유키오(Ukiyo)에 대해 말한다. 이는 이미지 변화, 시뮬레이션 신호에서의 의미 변화, 느슨해진 현실, 속도와 동시성이 언어와 커뮤니케이

in the sign of simulation, loosing reality, speed and simultaneity, are revealed the rules of the game at the base of language and communication: the scenario of signs.

In our work we consider the city as a living system(A) with high complexity. Every living systems, small as a cell or big as the United Nations, are articulated according to unique organizing criteria, are structured along a series of common rules, react autonomously to environmental stimuli, create a series of structural changes, in other words, transforming their own model.

This way we can focus on a reality, which is not always evident, but hidden and stratified, closing inside the traces of a maturation in progress, according to which, each intervention acts contemporary on two different levels: On one hand, on the production of new architectural organisms, on the other hand on the creation of invisible phenomena, transforming the space according to time(B) and interacting it with the function of the main system.

The word "space-time" in architecture was used for the first time by Sigfried Giedion in 1941 and it intentionally takes the scientific meaning, suggesting a correlation between new aesthetics of experimentation and the new scientific theory of relativity[4]. The modern concept of "space-time" today has been replaced by the "informatic space-time"[5], which gives relevance to the unstableness and indetermination of our way of conceiving the universe. A complex point of view, which cannot do but consider changes and contaminations among scientific, social, philosophical and artistic disciplines.

In this wide ground, order issues from the stratification of different plans; there are no longer a priori defined rules, or absolute interventional methods, but rhythms of deduced relations and connections of events.

It is necessary to produce action mechanisms capable of defining our comprehension of contemporary "space-time". These mechanisms, apparently undisciplined, organize all the informational possible levels

---

4 Ignasi Sola-Morales the construction of the history of architecture Quaderns 181-182 1989
5 Manuel Gausa Dynamic Time-(In)formal order(Un)disciplined trajectories in Surroundings Surrounded Essay on Space and Science edited by Peter Weibel Mit Press 2001

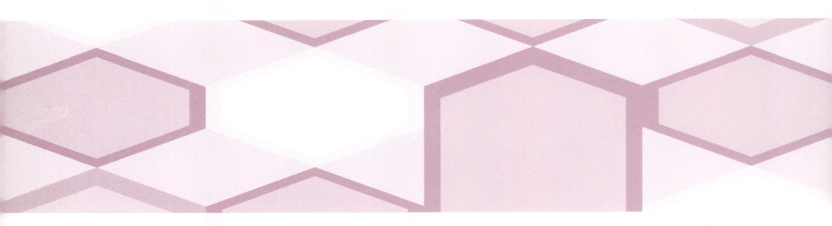

션의 기반에서 게임의 법칙을 드러내는 곳, 즉 신호의 시나리오를 의미한다.

우리는 작품에서 도시를 고도의 복잡성을 갖춘 생활 시스템(A)으로 간주한다. 모든 생활 시스템은 그것이 세포처럼 작은 것이든 UN처럼 거대한 것이든 간에 독특한 조직 기준에 따라 유기적으로 연관되며, 일련의 공통 규칙에 따라 구조화되며, 환경 자극에 자주적으로 반응하며, 일련의 구조적 변화를 만들어내는데, 다른 말로 하면 자신의 모델을 변형한다.

우리가 현실에 초점을 맞추는 이 방식은 언제나 분명하게 나타나는 것은 아니다. 이 방식은 숨겨져 있고 등급이 나눠져 있으며, 내부에 진행중인 성숙의 흔적을 품고있다. 각각의 조정은 두 가지 다른 레벨에서 동시대적으로 작용하는데, 그 한 레벨은 새로운 건축적 유기체의 생산이며, 다른 레벨은 시간(B)에 따라 공간을 변형하고, 공간을 주요 시스템의 기능과 상호 작용하는 비가시적 현상의 창조이다.

건축에서 '공간-시간'이란 단어는 1941년 지그프리드 기디온에 의해 처음 사용되었다. 이 말은 원래 새로운 실험 미학과 새로운 과학적 상대성 이론 사이의 상관관계를 의미하는 과학적 의미에서 사용된 것이다[4]. 오늘날 '공간-시간'의 현대적 개념은 '정보적 공간-시간'[5]로 대체되었는데, 이는 우리가 우주를 상상하는 방식이 불안정하고 불확실하다는 것을 나타낸다.

이런 복잡한 관점 때문에 과학적, 사회적, 철학적, 예술적 분야 간에 변화와 혼합이 있다고 간주해야 한다. 이 넓은 세상에서 질서는 다양한 계획의 계층화에서 비롯한다. 규칙으로 규정되는 선험 명제나 절대적인 조정 방식은 더 이상 없지만 추론된 관계의 리듬이나 사건의 연결은 존재한다.

우리 동시대의 '공간-시간'의 이해를 규정할 수 있는 행동 메커니즘을 만들 필요가 있다. 겉으로 보기에 단련되지 않은 이들 메커니즘은 현실의 모든 가능한 정보 레벨을 조직한다.

만약 건축, 특히 모든 도시계획이 오늘날 더 이상 도시 변형(이주자 흐름에서부터 특별한 경제적, 정치적, 문화적 상황에 이르기까지)

IaN+

of reality.

If architecture, and above all urbanism, today have non more instruments to understand phenomena on the base of urban transformation (from migrator fluxes to particular economical, political and cultural situations), then it is not possible to think about integrated and total developmental models and it is necessary to focus one's attention on parts of the city, where architecture should be able of triggering complex relations.

Thinking about the city means to understand that it is necessary to switch from rigidity to fluidity and to apply this concept not only to the landscape management, but also to single interventional projects. The fluidity is only assured when open space structures the urban texture.

To the concept of open spaces the project for a contemporary city gives the charge of becoming the place where new ideas are experimented. The void expands, and the open space has the same job that in modern towns had the roads.

According to this view, the different open spaces define with more clarity their nature of fundamental urban elements, while their ensemble covers the important role of being a background for a city which, growing and expanding, doesn't fill the gaps, but transform that void in an essential good.

In a city without boundaries, the void represents the only mean by which it is possible to set up a relational system; the void can separate or give continuity to urban spaces.

In the project for the station of Osaka, for instance, the void represents the focus of developmental texture. It is a place capable of building up an horizon of meanings for a fragmentary and heterogeneous town.

The void expands the compact texture of the city, while the buildings define its perimeter. The open space affects simultaneously different parts of the city, crossing and connecting them; it uses materials and creates situations where a different urban aesthetics can be recognized; it builds up special and temporal rhythms and sequences, where social features of our time are recognizable.

Osaka ha the image of a "wide network town", taking shape and

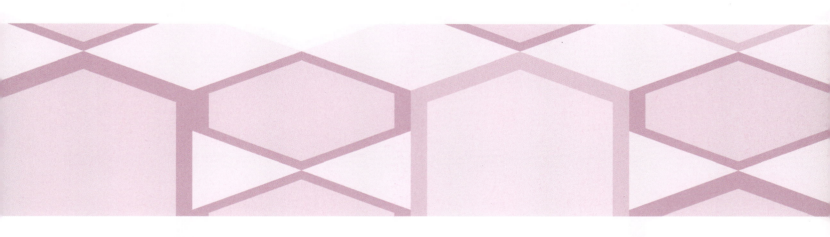

의 기반 위에서 현상을 이해하는 도구를 갖지 못한다면, 통합된 전체 개발 모델을 생각하는 것은 불가능하다. 그래서 건축이 복합 관계를 촉발할 수 있는 도시의 부분에 주의를 기울일 필요가 있다.

도시를 생각한다는 것은 경직성을 유동성으로 바꾸고, 이 개념을 조경 관리에 뿐만 아니라 단일한 조정 프로젝트에도 적용될 필요가 있다는 것을 이해하는 것을 의미한다. 유동성은 열린 공간이 도시 텍스처를 구조화할 때만 보장된다. 열린 공간의 개념에 따라, 최신 도시를 위한 프로젝트는 새로운 아이디어를 실험하는 장소가 되기 위한 기회를 제공한다. 보이드가 확장되며, 열린 공간은 현대 타운이 도로를 갖는 것과 동일한 업무를 갖는다.

이런 관점에 따라, 여러 가지 열린 공간이 보다 명확성을 갖고 근본적인 도시 요소의 본성을 규정하는 반면, 그 전체적 효과는 성장하고 확장하면서 틈새를 메우지는 않지만 꼭 필요한 방식으로 보이드를 변형하는 도시의 배경이 되는 중요한 역할을 담당한다.

경계가 없는 도시에서 보이드는 유일한 수단을 제공하는데, 이 수단에 의해 상관적인 시스템을 설정할 수 있다. 보이드는 도시 공간에 연속성을 부여하거나 분리할 수 있다.

예를 들어 오사카 정거장 프로젝트에서 보이드는 개발 텍스처의 초점을 나타낸다. 이는 단편적이며 이질적인 타운을 위해 중요한 범위를 설정할 수 있는 곳이다.

보이드는 도시의 간결한 텍스처를 확장하는 반면, 건물은 그 주변을 규정한다. 열린 공간은 도시의 여러 부분을 교차하고 연결함으로써 동시에 영향을 미친다. 열린 공간은 재료를 사용하고 여러 가지 도시 미학이 인식될 수 있는 상황을 창조한다. 또 특별하고 일시적인 리듬과 시퀀스를 형성하는데, 여기서는 우리 시대의 사회적 특징이 인식될 수 있다.

오사카는 열린 공간 시스템 패턴에서부터 형태와 구조를 취함으로써 '폭 넓은 네트워크 타운'의 이미지를 갖는다. 매 조정 단계에서 우리의 계획 방식은 타운을 표현하고 해석하기 위해 전략적 매핑과 시나리오 구축 시스템을 통해 구조화된다.

structure from the pattern of open spaces system.

Our projecting method, at every interventional step, is structured through a system of strategic mapping and scenarios' building, aiming to represent and interpret the town.

Mapping (C) the information is an analytical system, allowing us to know the organization criteria of a system, investigating all the issues of a given reality, and indicating different ways to transform and enrich it with new relations.

The project, at each step, offers a new solution, interacting with the present reality, and giving rise to a new balance, autonomous, as well as organized. The maps describe the interpretations of reality in a different way, and this very description sets up new scenarios, determining the alternative solutions through a series of emerging meanings, issued, the most times, not from the so called "high culture", but from the daily chaos, from the movement of landscape fluxes, from a sudden trend inversion of real estates market, or, finally, from the action of social phenomena.[6]

The information to be mapped is always of various nature, and sets up scenarios creating one or more hypothetical orders among the different aspects characterizing the town: economy and society.

The action ground not only interests the "architectural object", but also the space in between. During this reading and interpreting process of the reality, we follow the mainstream diffusion of ecological culture; though it does not coincide with Ecology (D) as a science, it nevertheless finds in it support and instruments to understand the world.

We are mainly interested in ecology because of its concept of the essential interdependence of all phenomena and its capability of focusing on the relationships among living organisms and environment.

Our concept of new ecology is an idea of urban ecology as a reading system and project, aiming to investigate, create and enforce the relationships triggered within the landscape (E) itself, conceived as a living system with high complexity.

In the landscape it is important to regulate the relationships among

---

[6] Ian+ Digital Odissey a new voyage in the mediterranean Birkhauser 2003

da "Concert for Piano and Orchestra"

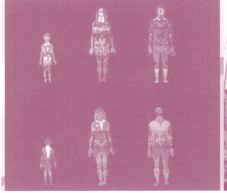

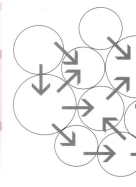
Osaka central station area

정보를 매핑(C)하는 것은 분석적인 시스템으로, 우리에게 시스템의 조직 기준을 알리고, 주어진 현실 문제를 모두 검토하고, 새로운 관계로 강화하고 변형하는 여러 가지 방식을 제시해준다.

이 프로젝트는 각 단계에서 현실과 상호 작용하고, 새로운 균형을 발생시키며 자율적이고 조직적으로 새로운 솔루션을 제공한다. 이 매핑은 여러 가지 방식으로 현실을 설명하며, 바로 이 설명이 새로운 시나리오를 설정한다. 이 때 소위 '고급 문화'가 아니라 일상적 혼란, 조경 흐름의 이동, 부동산 시장의 갑작스러운 경향의 반전, 사회적 현상의 행동에서 나타나는 일련의 의미를 통해 대안 솔루션을 결정한다[6].

매핑될 정보는 언제나 다양한 성질을 가지며, 타운을 특징짓는 여러 가지 관점 사이에서 하나 이상의 가설적인 질서를 창조하는 시나리오를 작성하는데, 이는 바로 경제와 사회다.

행동 근거는 '건축적 대상' 뿐만 아니라 그 사이 공간에도 관심이 있다. 현실의 과정을 읽고 해석하는 동안, 우리는 생태학적 문화의 주류 확산을 따른다. 이는 과학으로서의 생태학(D)과 일치하는 것은 아니지만, 세상을 이해하기 위해 생태학 안에서 지원과 수단을 찾는다.

우리는 살아있는 유기체와 환경 사이의 관계에 초점을 맞추는 능력과 모든 현상의 필수적인 상호 의존 개념 때문에 주로 생태계에 관심을 갖고 있다.

새로운 생태학이라는 우리 개념은 생활 시스템을 고도의 복잡성으로 보는 조경E 자체 내에서 촉발된 관계를 조사, 창조, 강화하기 위한 목적으로, 해석 시스템과 프로젝트로서의 도시 생태계의 아이디어이다. 조경에서는 조경을 형성하는 여러 가지 하부 시스템 사이의 관계를 조절하는 것이 중요하다. *만약 건축이 세상을 이해하고, 세상에 대해 이야기하기 위한 원형의 창고일 뿐만 아니라 가장 효과적인 방법 중 하나라면*[7], 새로운 생태학의 건축은 단어의 원래 의미를 반영하지 않고, 여러 가지 수준에서 상관적인 시스템에 대한 지원 구조가 된다.

the different subsystems forming it. If *architecture is not only a warehouse of prototypes, but also one of the most effective way to understand the world and tell about it.*[7] then, the architecture of new ecology does not reflect the original meaning of the word, but becomes a supporting structure to the relational system at different levels.

What does it mean to think in terms of "relations?"

It means, in the first place, to focus on the effects a project can produce, taking the distance from the form as a mean of urban modification, while focusing on the transformation of use of the urban space.

In the project for a square, a park and two small buildings in Rome, Falcognana, use the building means also to switch from a particular texture, the urban consolidated one, to a country landscape, represented by the park. Architecture interprets reality and takes a different meaning; it stops being a mere object, becoming a mean to modify the landscape, connecting areas at different levels and, at the same time, becoming a contention system of the soil.

The system of funded buildings is a container of social activities, which can change in the course of the time, according to the necessity of the living community, which has been active part in the defining process of the entire project.

The relational system emerging in the context reaches a range capable of involving everything surrounding the intervention. To regulate and organize the relations means to design an infrastructure (F), in other words to give to the architecture an infra-structural nature, in order to expand the interventional action, offering a continuous support and acting contemporary on different levels through combinatory tactics(G).

These strategies are intended to promote processes of space organization, where the final result appears as an open system, hiding potentials of use different from the original aim it was created to fulfil.

The building that best synthesizes the concept of "open system" is the parking place in Rome, collecting and organizing fluxes, by acting on the landscape in a dynamic way.

The building's facade is formed by a tri-dimensional clusters system,

[7] Stefano Boeri Editoriale Domus n 866 january 2004

Falcognana urban space

'관계'라는 점에서 생각한다는 것은 무엇을 의미하는가?

이 말은 도시 조정의 수단으로서 형태에서 거리를 두면서, 프로젝트가 산출할 수 있는 효과에 우선 초점을 두는 반면, 도시 공간 사용의 변형에도 초점을 둔다.

광장, 공원, 로마 팔코그나나의 작은 빌딩 두 채를 위한 프로젝트에서 빌딩을 사용한다는 의미는 또한 도시로 통합된 특별한 텍스처를 공원으로 대표되는 국가 조경으로 변환한다는 의미다. 건축은 현실을 해석하고 다른 의미를 취한다. 건축은 더 이상 단순한 대상이 되거나 조경을 변경하는 수단으로 머물지 않고, 여러 가지 레벨에서 지역을 연결하지 않고, 동시에 땅에 대한 투쟁 시스템이 되는 것을 멈춘다.

자금이 제공된 빌딩 시스템은 시간이 지나면서 변할 수 있는 사회적 활동을 위한 콘테이너다. 그 변화는 생활 커뮤니티의 필요성에 따라 이루어지며 전체 프로젝트의 과정을 규정하는데 능동적인 부분을 차지한다.

컨텍스트에 나타난 상관적인 시스템은 조정을 둘러싼 모든 것과 관련될 수 있는 범위를 망라한다. 이 상관관계를 조절하고 조직한다는 것은 인프라스트럭처(F)를 설계한다는 뜻이다. 다른 말로 하면 조정 활동을 확장하기 위해 결합 전술(G)을 통해 여러 가지 레벨에서 최신 활동과 계속적인 지원을 제공함으로써 건축에 인프라스트럭처 본성을 제공한다는 뜻이다.

이런 전략들은 공간 구성 과정을 촉진하기 위한 것으로, 최종 결과는 열린 시스템으로 나타난다. 여기에는 충족시키기 위해 만들어진 것이라는 원래 목적과는 다른, 사용의 잠재성이 숨어 있다.

'열린 시스템'이란 개념을 가장 잘 종합한 빌딩은 로마의 주차장으로, 역동적인 방식으로 조경에 기여함으로써 흐름을 수집하고 조직화한다.

빌딩의 파사드는 공원과 소규모 거래 활동을 위한 지원시설을 유치하기 위한 3차원적 클러스터 시스템으로 형성된다.

이는 '벌집(혹은 스폰지)' 시스템으로 도시 필터[8]의 자체 특성을 확장하고 스스로 조절할 수 있다. 빌딩은 그 주 목적에 충실하고, 사

intended to home support facilities for the park and small trade activities.

It is a "honeycomb"(or sponge) system capable of self-regulating and expanding its own features of urban filter[8]. The building obeys to its main objective and throughout the use it becomes an added value, expanding its functionality in time. The external functions, independent from the internal ones, set up with the site a participative relation, aimed to organize an existing reality.

In figurative art, painting, as well as in music, it is not important to reproduce or invent forms, but to catch forces[9]

Our buildings try to do this: catching the system of forces acting in the city. These way operations of reading and designing which define a new order are based on a complex geometry, in other words, on what John Rajkman defines in the text Construction, the "other geometry" (a concept already developed by the French philosopher Gilles Deleuze who says that each person has an own geometry and generates own lines in the space).

To explain the meaning of "other geometry", we will use a completely different field: martial arts: For Bruce Lee fighting was a way of living, he had understood that the effectiveness of a fighting didn't lay in the force of muscles, but in the capability of movement.

In the book "The jeet Kune do[10]" he does not devote much time to the description of moves, but he applies the geometry to the human body to investigate how to generate lines in the space, capable of reducing the force of the opposite fighter.

A possible typical situation is the practice with a wooden dummy, used by Bruce Lee in training for hours with different confrontation possibilities, as if he was looking for unending possible worlds. The dummy was for Lee an aspect of experience. Another practice he used to do was to fight against his own shadow. The shadow represented a sort of different existence, transforming its dimension according to the movement.

[8] The image of the honeycomb/sponge is taken from Prima lezione di Urbanistica Bernardo Secchi ed. Laterza april 2003
[9] Giles Deleuze Francis Bacon logica delle sensazioni Quodilibet 1997

Elastic box

용하는 동안 기능성을 확장하면서 부가가치를 만들어낸다. 내적 기능과 상관없이 외적 기능은 기존 현실을 조직화할 목적으로 대지에 참여적 상관관계를 제공한다.

그림과 같은 조형예술이나 음악의 경우, 형태를 재생산하거나 발명하는 것이 중요한 것이 아니라 힘을 찾아내는 것이 중요하다[9].

우리가 빌딩에서 추구하고자 하는 것은 바로 도시에서 활동하는 힘의 시스템을 찾는 일이다. 새로운 질서를 규정하는, 해석하고 설계하는 불안정한 경영은 복잡한 기하학에 기반을 둔다. 즉, 그 기반은 존 라야크만이 〈Construction〉이란 글에서 규정한 대로 '다른 기하학' (프랑스 철학자 들뢰즈가 이미 개발한 개념으로, 각 개인은 자신만의 기하학이 있어서 공간에서 나름대로의 선을 개발해 낸다는 것)이다. '다른 기하학'의 의미를 설명하기 위해, 완전히 다른 분야인 무술을 예로 들어 보겠다. 브루스 리에게 싸움이란 생활의 한 방식이었다. 그는 싸움의 효과는 근육의 힘이 아니라 움직이는 능력에 있다는 것을 이해했다.

"절권도[10]"라는 책에서 브루스 리는 동작 설명에 시간을 별로 할애하지 않았다. 대신 싸움 상대방의 힘을 누르기 위해 공간에서 어떻게 선을 만들어낼 것인지 알아내기 위해 인간 신체에 기하학을 적용한다. 이에 대한 전형적인 상황은 나무 인형으로 연습하는 것이었다. 브루스 리는 영원한 세상을 찾는 것처럼 여러 가지 대결 가능성을 위해 많은 시간을 할애해서 나무 인형으로 훈련했다. 브루스 리에게 나무 인형은 경험을 위한 것이다. 그가 행한 또 다른 연습은 자신의 그림자에 대항해 싸우는 것이었다. 그림자는 움직임에 따라 차원을 달리 하면서 여러 가지 종류의 실존을 표현한다.

우리도 작품에서 행동을 창출하기 위해 '다른 기하학'을 사용한다. 다른 기하학은 주어진 콘텍스트에서 나타나는 흐름과 힘(경제적-사회적-정치적)의 기록에 의해 생겨난 것으로, 경험적 차원으로 이루어진 공간을 창조하며, 흔적을 통해, 그리고 흔적 위에서 스스로를 나타낼 수 있다.

분야를 찾고 나면 프로젝트는 대지의 변형 과정을 촉발시킨다. 우리

We also use, in our work, "other geometries" to create a filed of action. The other geometry is born by the recording of fluxes and forces (economical-social-political) present in a given context and creates a space with an experimental dimension, capable of generating itself above and through these traces. Once found the field, the project triggers the process of site's transformation. Moreover, we consider it essential for our work what Henry Bergson called L'evolution creatrice, the place where the French philosopher puts the man (the inhabitant for us), as an active center of evolutionary process in space and time.

In the project for the area of Vittoria Stadium in Bari, for instance, the elements to be mapped to read the reality are Activities and Fluxes(H) characterizing the texture of this area. In this case, the "other geometry" is born by a confrontation between the urban phenomena present in the landscape and those potentially present in the area.

The analysis of the activities investigates the main features of the areas (zones) characterized by the functional homogeneity and limited by relational and interchange rims. The zones within the area act as poles of attraction, where to trigger a system of forces acting in the landscape; The inter-zones, issuing in between or by the superimposition of the zones, have the essential role of mediation among different urban fragments, their positions, dimensions, technical features, functions and roles, by organizing them within some big systems.

What we define "inter-zone" is in reality a texture capable of adapting itself to all the possible transformation occurring in urban spaces and where the external conditions can be organized and put into relation through the project.

To intervene in the inter-zones has a particular relevance, it means, in the first place, to focus the project's attention on less consolidated areas, through tactics of managing the wavy changeability of the situations.

To focus the interventions on the inter-zones means to act preserving

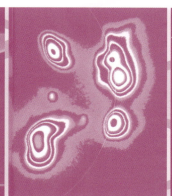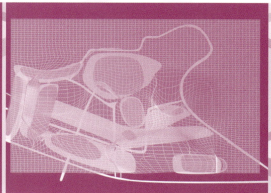

Area of victoria stadium Bari

가 작업을 위해 필수적이라고 생각하는 것은 앙리 베르그송이 지칭한 'L'evolution creatrice'으로, 이 곳은 프랑스 철학자가 공간과 시간에서 혁명적인 과정의 능동적인 중심으로서 사람(우리에게 있어서는 거주자)을 두는 곳을 말한다.

예를 들어 바리의 빅토리아 경기장 프로젝트에서 현실을 해석하기 위해 매핑된 요소는 이 지역의 텍스처를 특징짓는 활동과 흐름(H)이다. 이 경우 '다른 기하학'은 조경에서 나타나는 도시 현상 현존과 이 지역의 잠재적 현존 사이의 대결에 의해 태어난 것이다.

활동을 분석하는 것은 상관적이며 상호 교환적인 테두리에 의해 한계가 지워지고, 기능적 동질성이라는 특징을 갖는 이 영역(존)의 주요 특징을 조사하는 것이다. 영역 내에서 존은 매력점으로 기능하며, 이 매력점은 조경에서 활동하는 힘의 시스템을 촉발한다. 존 사이 혹은 존의 첨가로 인해 생기는 인터-존은 일부 커다란 시스템 내에서 조직화함으로써 여러 가지 도시 단편, 위치, 차원, 기술적 특징, 기능, 역할 사이에서 중재라는 중요한 역할을 한다.

우리가 '인터-존'으로 규정하는 것은 현실에서는 도시 공간에서 발생하는 가능한 모든 변형에 자신을 적응시킬 수 있는 텍스처로 나타난다. 여기서는 외적 조건이 조직화될 수 있으며 프로젝트를 통해 관련을 가질 수 있다.

인터-존에 조정한다는 것에는 특별한 타당성이 있다. 이 말은 우선 프로젝트의 관심을 상황의 불안정한 변화 능력을 관리하는 전술을 통해 좀 덜 통합된 영역에 집중시킨다는 의미이다.

인터-존에 대한 조정에 집중한다는 말은 이를 특징짓는 열린 공간을 보존하는 행동을 의미한다. 인터-존은 조정과 상호 교환의 장소이며, 일반적으로 소비자와 건축 작품 사이에 나타나는 상호작용의 기반이다. 따라서 조정은 활동을 구조화하고 구성하는 포인트다.

또 빌딩 내부에서 '존'과 '인터-존'이란 점에서 생각해 보는 것도 가능하다. 이탈리안 스페이스 에이전스나 EUR의 국회 센터 프로젝트의 경우, 필요성에 따라 변형이 가능한, 일부 기능적으로 규정된 블록(존)과 일부 자유 지역(인터-존)을 구분하는 것이 가능하다.

the open space characterizing them. The inter-zones are the places of interference, of inter-change, and generally they are the ground of interaction between the consumer and the architectural work, therefore, they are points through which to organize and structure the activities.

Also inside a building, it is possible to think in terms of "zones" and "inter-zones". In the project for the Italian Space Agency, or in the Congress Center at EUR, it is possible to spot some functionally defined blocks (zones) and some free areas (inter-zones), capable of transforming according to the necessity.

The idea of temporary transformation comes through the use of the work itself, the elastic box changes its shape in the very moment, when the customers overcome the boundary between exterior and interior. The transformation is not only physical, but it is also conceptual and through the use, the facade of the parking place becomes a ludic object, integrating part of the park.

In other projects, it is the material to be exploited to amplify the relationships between architectural object and the surrounding landscape: The glass bricks of Tomhiro Museum in Japan create an internal blurring, similar to the watercolours of the exhibited collection; The rubber membrane of the elastic box is deformed at the passage and the internal light is projected to the exterior.

Again the glass, this time stratified, characterizes the system of urban furniture in the town of Tallin, defining different places through simple chromatic variations.

Housescape is issued from the transformation of the landscape in settlement area, transforming the consolidated typology of the house in a place where the very concept of "living" is experimented.

All the projects tell the same story and work in the same way; they define action grounds, organize activities, create relations, are integrated with the landscape or become landscape, they make the aesthetical approach an essential element, without giving up programming intents.

They try to produce "interferences" (I) with an objective reality more and more representative of a society in crisis.

The interference is the originality of a work of art and it acts on the architectural elements of a building: Structure, attic and walls.

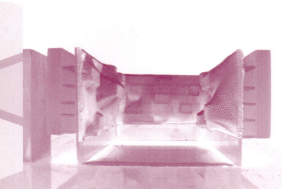

Italian space agency Roma

New access to ospedale del mare Naples

일시적인 변형 아이디어는 작품 자체의 사용을 통해 이루어지며, 엘라스틱 박스(elastic box)는 소비자가 외부와 내부 사이의 경계를 극복하는 바로 그 순간에 형태를 변화시킨다. 변형은 물질적인 것일 뿐만 아니라 개념적인 것이기도 하며, 이용을 통해 주차장의 파사드는 공원의 통합 부분으로 놀 수 있는 장소가 된다.

다른 프로젝트에서, 이 재료는 건축적 대상과 주변 조경 사이의 관계를 확대하기 위해 이용될 수 있다. 일본의 톰히로 박물관의 유리벽돌은 전시물의 수채화색과 유사한 흐릿한 내부를 만들어낸다. 엘라스틱 박스의 고무막은 통로에서 변형되며 내부 빛은 외부로 투사된다.

이번에는 층으로 형성된 유리의 경우를 살펴 보면, 유리는 탈린 마을의 도시 가구 시스템을 특징지으면서, 단순한 색채 변형을 통해 여러 장소를 규정한다.

하우스이스케이프(Housescape)는 바로 그 '생활' 개념이 실험되는 곳에서 집의 통합된 유형을 변형하면서 정착 지역에서 조경의 변형에서 만들어진 것이다.

모든 프로젝트는 동일한 것을 말하며 동일한 방식으로 작업한다. 모든 프로젝트는 활동 기반을 규정하고, 활동을 조직화하며, 관계를 만들어내며, 조경과 통합되거나 스스로 조경이 되며, 내용을 프로그래밍하는 것을 포기하지 않고 필수적인 요소에 대한 미학적 접근을 시도한다.

모든 프로젝트는 점점 더 위기에 처한 사회를 대표해가는 객관적인 현실에 대해 '간섭 (I)'하고자 한다.

간섭은 예술 작품의 독창성으로, 빌딩의 건축적 요소인 구조, 애틱, 벽에 작용한다.

이는 잡종으로 다른 기능을 취하는 요소들의 공통적 사용을 변화시키는데, 이에 대한 훌륭한 예가 바로 스포츠시티 연구이다.

여기서, 잡종이라는 아이디어는 유형학적 교배에서부터 조경과 기능의 교배를 거쳐, 빌딩요소의 교배에 이르기까지 아주 다양한 범위를 제공한다. 항공 모함인 미크로토피(MICROUTOPIE)의 경우에

DD IaN+

It changes the common use of these elements, that are hybridised and take another function. The research Sportcity is a perfect example. Here, the idea of hybridization offers a very wide range, going from the typological hybridization, to the hybridization of elements of a building, passing by the hybridization between landscape and function. Just as in MICROUTOPIE of aircraft carriers, which modify artificial places through culture, housing, sport and landscape, and recreate the image of a reality, which can be better recycled in every moment of our history.
Our strategy is a way of coordinating and organizing in space and time a complex of actions made by a plurality of actors, that is why it needs consensus and participation. It presents itself as a decisional project and complex of politics aimed to put into action future situations, capable of being recognized as better than contemporary ones and for which it is worth to be mobilized.
Scenarios and strategies, terms often used in a non critical way, are not ways to represent a weak thought; on the contrary they are conceptual places where the contest among a multiplicity of strong rationalities in partial and radical opposition. (Bernardo Secchi)

A THEORY OF THE LIVING SYSTEMS

The theory about living systems helps us to understand the issues of a given reality, even though alien, indicating different ways to modify it through a project.
The living systems, either small as a cell, or big as the United Nations, are articulated according the same organizing criteria.
A cluster of cells, a city, a building, a state... are structured obeying to a series of common rules, react autonomously to the environmental stimuli, giving rise to a series of structural changes, in other words transforming their own model. In fact, it is not possible to manage a living system: we only can disturb it, by stimulating it.

B TIME

The project transforms itself in a form of communication, organization and management of the landscape through time.
Time is a control variable to be organized more than space. To organize time is the basic need of contemporary towns. Time is a change factor: spaces undergo variations according to temporal successions, that is why we try to design

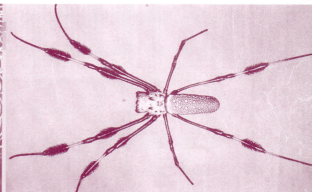

서처럼 문화, 주택, 스포츠, 조경을 통해 인공적 장소를 수정하며 현실 이미지를 재창조하며, 이는 역사의 모든 순간에서 더 잘 재순환될 수 있다.
우리의 전략은 시간과 공간에서 조정하고 조직화하는 방식이며 대다수의 행위자에 의해 이루어진 행동의 복합체로, 바로 이 때문에 동의와 참가가 필요하다. 이는 미래 상황을 행동에 옮기기 위해 결정적인 프로젝트와 정치의 복합체로 나타나며 현재의 상황을 보다 잘 인식할 수 있으며, 이를 위해 동원될 가치가 있다.
종종 비판적이지 않은 방식으로 사용되는 시나리오, 전략, 조건은 나약한 생각을 나타내는 방식은 아니다. 오히려 이들은 개념적인 장소로서, 편파적이며 과격한 대립 속에서 강한 합리성의 다양성 가운데 경쟁이 이루어지는 곳이다(베르나르도 세키)

A 생활 시스템 이론
생활 시스템에 관한 이론은 우리로 하여금 주어진 현실 문제를 이해하는데 도움을 준다. 비록 그 이론이 프로젝트를 통해 수정하기 위한 다른 방법을 제시하는 이질적인 것이라 할 지라도 말이다.
생활 시스템은 그것이 세포처럼 작은 것이든 UN처럼 거대한 것이든 간에 독특한 조직 기준에 따라 유기적으로 연관된다. 세포, 도시, 빌딩, 주 등등의 군집은 일련의 공통 규칙에 따라 구조화되며, 환경 자극에 자주적으로 반응하며, 일련의 구조적 변화를 만들어낸다. 즉, 다른 말로 하면 자신의 모델을 변형한다. 사실 생활 시스템을 관리하는 것은 불가능하다. 우리는 그저 생활 시스템을 자극함으로써 이를 간섭할 수 있을 뿐이다.

B 시간
프로젝트는 시간이 흐르면서 커뮤니케이션, 조직, 조경의 관리 형태로 스스로 변한다. 시간은 공간 이상으로 조직되기 위한 통제 변수다. 시간을 조직하는 것은 현대 타운이 가진 기본 요구다. 시간은 변화 요인이다. 공간은 일시적인 연속성에 따라 변화를 경험하는데, 그것이 바로 우리가 공간의 변화보다도 시간의 변화를 설계하고자 하는 이유다. 이들 변화는 불안정한 경계

mutations of time, rather than those of space.
These mutations are narrative bridges, capable of shaping a world completely elastic in its unstable boundaries.
Time and movement take a different meaning in understanding and analysis of relations among the activities and become modelling instruments of all types of open space, which together create the space of city, as well as Mental, Physical and Cybernetic.

C MAPPING

In science, objects are measured and weighted, but relations cannot be measured, nor weighted, so they must be represented on a map.
Mapping is an operation, which doesn't consist in redesigning a new map, but it is rather a process acting inside an existing map, in order to generate development lines or using existing traces; according to this view, the project is not only an object in a place, but it is rather an occasion to trigger within the context new relations with a wide range involving everything surround the intervention.

D ECOLOGY

For Ecology we consider the science studying the ensemble of relations of an organism with the surrounding environment, embracing, in a large sense, all the condition of existence (Deleage)

E LANDSCAPE

The landscape is considered a relational space between wild life and human beings living in it.
If the landscape is the place of interference, architecture producing them sets up relationships with the landscape: the project becomes an integrating part, but not in strictly naturalistic sense.
The landscape delineated in this process is a system with high complexity, subject to continuous changes and owns an only apparent order, while its real state is chaotic and opposite.
Architecture as an essential element of the landscape, is in perpetual transformation.

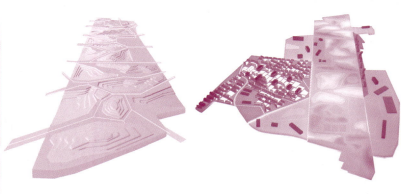 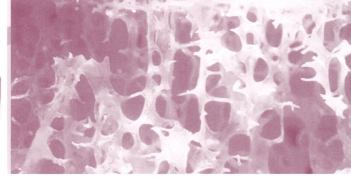

Atene Park

에서 완전히 탄력성 있는 세계를 형성할 수 있는 설명식의 다리 역할을 한다. 시간과 움직임은 활동 사이의 관계를 이해하고 분석함에 있어 다른 의미를 취하며, 모든 종류의 열린 공간의 도구를 모델링한다. 이렇게 해서 정신적, 물리적, 인공두뇌적이면서 도시라는 공간을 함께 창조한다.

C 매핑

과학에서, 대상은 측량하고 무게를 잴 수 있지만, 관계는 측량될 수도 없고 무게를 달 수도 없다. 따라서 대상은 지도상에 표시되어야 한다. 매핑은 새로운 지도를 재설계하는 것이 아니라 기존 지도 내에서 이루어지는 과정을 말하는 것으로, 개발 라인을 창출하거나 기존의 흔적을 이용하기 위한 작업이다. 이런 관점에 따라서 프로젝트는 장소에서 대상이 될 뿐만 아니라 콘텍스트 내에서 조정을 둘러싼 모든 것과 폭 넓게 관련된 새로운 관계를 유발하는 경우가 되기도 한다.

D 생태학

우리는 생태학을 유기체와 주변 환경과의 관계의 조화, 넓은 의미에서는 존재(Deleage)의 모든 조건을 연구하는 학문이라고 생각한다.

E 조경

조경은 야생 생활과 그 속에서 살아가는 인간 사이의 상관적인 공간으로 간주된다. 조경이 중재의 장소라면, 이를 만들어내는 건축은 조경과의 관계를 설정한다. 프로젝트는 통합 부분이 되지만, 엄격하게 따지면 사실적인 의미에서 꼭 그런 것은 아니다. 이 과정에서 묘사되는 조경은 고도의 복잡성을 가진 시스템으로, 지속적으로 변화 가능하며, 분명한 질서만 갖추고 있지만, 실제 상태는 혼란스럽고 정반대다. 조경의 필수적인 요소로서의 건축은 끊임없이 변형한다.

F 인프라스트럭처

이는 중요한 것을 보완하는 구조다. 이 용어는 주로 도로, 철도, 공항 등과 같이 새로운 도시 정착을 위해 없어서는 안될 경제 활동의 개발에 필요한 보완적인 작업을 지칭하기 위해 사용되었다. ian+가 건축을 인프라스트럭처로 생각

IaN+

F INFRASTRUCTURE

It is a complementary structure of another one, considered the main one. The term is mostly used to indicate complementary works, necessary to the development of economical activities, such as roads, railways, airports... indispensable for new urban settlements.
For ian+ to think architecture as infrastructure means moving the attention from the object to its influence ground, creating a texture capable of regenerating parts of a city where to intervene.

G STRATEGIES

Strategy is an abstract system capable of directing operations; the tactic is the set of rules and relationships. is the operative device necessary to facilitate their local evolution; the stratagem is a contingent application, or intelligent instrument.

H ACTIVITIES

A dynamic architecture is vitalising: it generates not only aesthetics-or shape- but also (above all) activity not merely functional action, but as active materialisation of simultaneous action and uses - as operative movements, generators of interchange operations between programmes, shapes, assiduous spaces, and events. (Manuel Gausa the metapolis dictionary of advanced architecture barcellona 2003)

I INTERFERENCES

To project relations means to cause interferences, conceived as variations of state, capable of stimulating various space organizations: architecture gives rise to interferences; it doesn't define exclusively the space, but it creates the conditions that allow the space to develop and put roots in the landscape.

L RECYCLING

Architecture is the art of space and space is never wasted, there is no need to say is recycled. Also, it does not require a strategy or an exercise of goodwill. Life itself recycles architecture. Architecture is never purely and simply original......an art that is so absolutely pragmatic, as is architecture, imperturbably flirts with (what in other disciplines would be considered a trick) a genuine publicity promotion. (Federico Soriano the metapolis dictionary of advanced architecture barcellona 2003)

Zollikon urban space

Montalto di Castro theatre

한다는 것은 관심을 대상에서 그 영향 기반으로 옮긴다는 것을 뜻한다. 그래서 중재해야 할 도시의 부분을 재생할 수 있는 텍스처를 만들어내는 것이다.

G 전략

전략은 작업을 지시할 수 있는 추상적인 시스템이다. 전술은 규칙과 관계의 설정을 말한다. 이는 지역 발전을 이루기 위해 필요한 효과적인 장치다. 술책은 우연한 적용 혹은 지적인 도구다.

H 행위

역동적인 건축은 활력을 준다. 역동적인 건축은 미학이나 형태 뿐만 아니라 (무엇보다) 활동을 발생시키는데, 이는 단순히 기능적인 행동이 아니다. 이는 행동과 사용이 동시적으로 발생하는 능동적인 물질주의로서, 프로그램, 형태, 빈틈없는 공간과 사건 사이에 상호 교환이 가능한 작업을 일으키는 조작적인 움직임으로서 작용한다(Manuel Gausa the metapolis dictionary of advanced architecture barcellona 2003).

I 중재

관계를 계획한다는 것은 상태의 변화를 고려하는 중재를 발생시키는 것을 의미하며, 이는 다양한 공간 조직을 자극할 수 있다. 건축은 중재를 발생시킨다. 건축은 공간만 규정하는 것이 아니라 공간을 개발하고 조경에 자리를 잡게 하는 조건을 창출한다.

L 재활용

건축은 공간 예술이며, 공간은 결코 소모되지 않는다. 따라서 재활용에 대해 말할 필요가 없다. 또, 건축은 전략이나 선의의 실천을 요구하지 않는다. 삶 자체가 건축을 재활용한다. 그래서 건축은 완전하게, 그리고 단순하게 독창적인 것은 결코 아니다. 건축과 마찬가지로 절대적으로 실용적인 예술은 참된 홍보물을 아무렇지도 않은 듯 함부로 다룰 수도 있는데, 이는 다른 부문의 경우에서는 책략으로 간주될 수도 있다(Federico Soriano the metapolis dictionary of advanced architecture barcellona 2003).

Ilka & Andreas Ruby:
One of the perverted outcomes of modernist urbanism can be seen in a generic alienation of the urban territory. Dropping buildings as isolated objects on the tabula rasa of the ville nouvelle was equivalent with the creation of a residual space around them, a purely negative space whose only function was to wrap the architectural object and confirm its superiority. Much of the work of Ian+ seems to be driven by the ambition to restore the performative potential of landscape for the city. Similar to acupuncture needles piercing the skin of the earth buildings are positioned over the territory to create a network of spatial relations. The to and from between these relational objects creates a flow that animates the open space. This enactment of the landscape operates primarily in a horizontal way, it disperses the footprint of built mass over the territory in order to cover as much of it as possible. In so doing, it could be seen to act as the opposite to the master narrative of urbanism introduced by Rem Koolhaas and his followers embracing density as the univocal destiny of the contemporary city. Has density ceased to be an issue for you or has it only transformed into another conceptual state?

Ian+:
If density is considered by many architects as an unavoidable fate for the contemporary city, it does not mean that it must be objectively considered as a value. Therefore, we imagine to accept density as a starting point, trying to reshape it in another conceptual state. Density, is what we find in the contemporary territories. Our projects, do not act on the system of volumes, but focus on the voids, conceived, today more than ever, as conflicting places and as spaces capable of regulating density of given critic areas.
Our projects engulf the open space, as a necessary element to the rationalization of the life taking place inside. To regulate density means in the first place rethink the quality of the void, which becomes the focus of each intervention. Even in the very moment we are committed with a building, it is essential to us to trigger a change in

between Ilka & Andreas Ruby and IaN+

Ilka & Andreas Ruby:
근대주의적 도시계획에 있어서 다소 비뚤어진 시각을 보여주는 결과물 중의 하나를 도시 영역의 일반적인 이전에서 찾아볼 수 있습니다. 건물을 새로운 도시(ville nouvelle)의 백지 상태 위에 고립된 사물로 놓는 것은 그들 주위에 잔여공간, 즉 그 유일한 기능이 건축적 객체를 둘러싸고, 그것의 우위를 확인할 뿐인 순전히 쓸모없는 공간을 만들어 내는 것과 같은 것이죠. Ian+의 작업 중 상당부분은 도시에 대한 랜드스케이프의 수행적인 잠재력을 복원하고자 하는 야심에 의해 이끌려 온 듯 보입니다. 지표면을 꿰뚫는 침술 바늘과 유사하게, 건물은 공간 관계들의 네트워크를 야기시키는 영역 위에 놓여집니다. 이런 사물들 간의 오고 감은 오픈 스페이스를 활성화시키는 흐름을 야기시킵니다. 랜드스케이프의 이러한 규칙은 수평적인 방식으로 주로 작용하고, 가능한 많은 부분을 감추기 위해, 영역 위에 지어진 매스가 가진 발자국을 흩어뜨립니다. 그렇게 함으로써, 현대도시의 단일한 숙명으로서, 밀도를 받아들이는 Rem Koolhaas와 그의 추종자들에 의해 시작된, 도시화의 지배적인 이야기 화술과는 정 반대의 역할을 하는 것처럼 보일 수 있을 텐데요. 밀도라는 것이 당신에게 있어서 더 이상 어떤 화제 거리도 되지 않는가요? 아니면, 밀도가 단지 또 다른 하나의 개념적 상태로 변형된 것일 뿐인가요?

Ian+ :
만약 많은 건축가들이 밀도를 현대 도시에 있어서 피할 수 없는 숙명이라고 여긴다면, 그것은 객관적 견지에서 밀도가 어떤 일종의 가치로 여겨져야 함을 의미하는 것은 아니라고 봅니다. 그래서 우리는 또 다른 개념적인 우선 보이드의 특질에 대해 재고해 보는 것을 의미하고, 이는 각 조정이나 개입에 있어서 중심이 됩니다. 상태에서 밀도를 재형상화 하려는 노력을 하면서, 밀도를 출발점으로 받아들이는 것을 상상해봅니다. 밀도라는 것은 우리가 현대적 영토, 지역에서 발견하게 되는 것입니다. 우리의 프로젝트들은 입체가 가진 시스템 자체를 따르지 않고, 그 어느 때보다 오늘날 더 많이, 주어진 비판의 영역에 있어서 밀도를 조정할 수 있는 공간으로서, 그리고 충돌하는 장소로서 계획되는 보이드에 초점을 맞추고 있습니다. 우리 프로젝트들은 오픈 스페이스를 내

the open space surrounding it. The aim of an architect is not intended anymore to establish borders, defining the city space, but it should be oriented towards the overcoming of the boundaries of such discipline itself, setting up new cognitional strategies, able to help us in spotting the phenomena, and not just the spaces, instrumental to rethink the contemporary city.

The territory continues to specialize and this specialization creates a geography of happenings, a placing of connections, crossing hybrid landscapes. Specialization is outside every comprehensive project. Our attempt is to focus on the connections system a single building must produce inside the post-metropolitan space.

In the movie The Day After Tomorrow, are represented towns of the close future. When ocean waters will begin to rise, the changing climate will be the destiny of new century politics. The movie presents itself ad a metaphorical view of transformations occurring in present urban situation. The only way out is to learn to live together with changes using a kind of preparations which are mostly precautions

towards nature and wild life revolting against us.

Rather than to repress modernity... we should increase its trend to mono-functionality, by adding new objectives. We must compensate nature through any possible architectural interventions. Last but not least, we must offer new choice possibilities in a world created with optimization criteria[1].

To think about an architecture capable of regulating urban density it means not to try to modify a given situation, but contributing to its natural evolution. Architectural project allocates itself in a complex dynamics, through which it is possible to enforce a relational system and mix up what is segregated. It is an adaptive architecture, capable of giving to density a different meaning from the present one. Density does not depend only on how the space is being filled, but mostly on how we live in it.

Ilka & Andreas Ruby:
If you say density is what you find in the landscape already, do you

1 Richard Ingersoll Sprawltown Meltemi roma 2004

Andreas Ruby studied History of Art at the University of Cologne in Germany before undertaking post-graduate studies on the Theory and History of Architecture at the Ecole Speciale d'Architecture Paris with Paul Virilio and at Columbia University in New York with Bernard Tschumi. He currently teaches architectural theory and design at University Kassel. Ilka Ruby studied Architecture at the RWTH Aachen, Germany. After practicing as an architect for some years, she now works as a graphic designer, editor and writer. In 2001, they set up their joint editorial agency to publish architectural books and magazines as well as writing essays on contemporary architecture.
www.textbild.com

부에서 발생하게 되는 생활의 합리화에 있어서 필요한 요소로서 감싸 안고 있습니다. 밀도를 조정한다는 것은 우리가 건물들에 전념하고 있는 바로 그 순간에도, 그 건물을 둘러싼 오픈 스페이스에서의 변화를 유발시키는 것은 필수적입니다. 건축가들이 갖게 되는 목표는 더 이상, 경계를 정립하고, 도시 공간을 정의하는 것이 아닙니다. 대신, 우리로 하여금 단지 공간만이 아닌 현상을 배치할 수 있게끔 도와줄 수 있고, 현대 도시를 재고해보는 데에도 자극이 되는 새로운 인식상의 전략들을 제안하고, 그같이 단련되어있는 경계들을 극복하는 야기시킵니다. 특수화는 겉보기에 전체적이고, 포괄적인 프로젝트입니다. 우리가 시도하고자 하는 것은 하나의 방향으로 맞춰져야 한다고 생각합니다.

영역은 지속적으로 특수화되고, 이러한 특수화는 사건의 지형, 연결부의 배치, 혼성 랜드스케이프의 교차를 건물이 탈 대도시 공간에서 만들어내야 하는 연결 체계에 초점을 맞추는 것입니다.

영화 "The Day After Tomorrow"에서는 가까운 미래의 도시들이 그려지고 있습니다. 해수면이 상승할 때, 변화하는 기후는 새로운 세기의 역학관계에 있어서 숙명적인 요소가 될 거라 봅니다. 영화는 현재

의 도시적 상황에서 발생하는 변형에 대한 은유적 시각을 보여줍니다. 유일한 출구는 우리에게 반감을 일으키는 자연과 야생의 삶에 대해 대개는 예방조치가 되는 일종의 준비들을 활용해서 변화와 더불어 사는 법을 배우는 것입니다. 근대성을 억제하기보다, 우리는 새로운 목표를 더해가면서, 단일기능에 대한 경향을 증대 시켜야 합니다. 또한, 우리는 어떤 가능한 건축적 개입을 통해서라도 자연을 보완해야 합니다. 마지막으로 덧붙이자면, 우리는 최적화 기준으로 만들어진 세계에서 새로운 선택 가능성들을 제공해야 합니다. 도시의 밀도를 조정할 수 있는 건축에 대해 생각해본다면, 그것은 주어진 상황을 수정하고자 노력하는 것이 아니라, 자연스러운 진전에 기여하는 것을 의미합니다. 건축 프로젝트는 복합적인 역학관계 안에 그 자신을 두고, 그 관계를 통해 관계 체계를 시행하고, 분리되어있는 것을 혼합하는 것이 가능해집니다. 그것이 바로 밀도에 현재와는 다른 의미를 제공할 수 있는 적응성의 건축입니다. 밀도는 공간이 어떻게 채워지고 있는가에 의해서만 좌우되는 것이 아니라, 대개는 그 안에서 우리가 어떻게 살고 있는가에 의해 좌우됩니다.

mean an urban landscape? And if you prefer to act on the void instead of the full, is this attitude conditioned by the compactly built-up fabric of the urban landscape of the city you live in, Rome? It seems to us that your distance toward density is informed by a specific condition, and it would be interesting if you could point this condition out in more specific terms.

Ian+:

Yes, I refer to urban landscape. Urbanization has reshaped in the last few decades the face of the planet: coastlines, rivers, communications have been transformed in what Herve Le Bras designed as "urban threads", this way the world has become city, and the city is a second hand wild life which has become landscape.

Rome, the town where we live, is a perfect example. Today it still remains one of the fewest European towns, which is possible to cross, going through untouched natural places, or, better said, "self-protected" by spontaneous conservative dynamisms. It therefore represents a city model which has engulfed natural landscape without transforming or "taming" it.

The plan of Rome by Giambattista Nolli (1748), produced through the technique figure-background shows the white voids of the streets, places, gardens formed by the black full of the building blocks. Today a similar representation becomes an extremely difficult attempt to describe Rome, because movement, rather than space, characterizes it. A map of the subway, and of the infrastructural system, connecting an archipelagos of different spaces, defines much better reality of the town.

Rome is a perfect experimentation field; It forms and in-forms our architecture. It is a city which has undergone unending transformation in the course of its existence, stratifying situations very different from one another, in good, as well as in bad terms. The density of this city is a very particular one. It is not the product of a formula issuing from the relation between void and full spaces, but it comes from the temporary stratification and from the compression of its boundaries. It is a density of time and stories. Our interest for the open space is not a

Ilka & Andreas Ruby:
밀도를 당신이 이미 랜드스케이프 안에서 발견한 것이라고 말씀하신다면, 그것은 도시적 랜드스케이프를 의미하는 것입니까? 그리고, 가득 채워진 것보다는 보이드에 초점을 맞추는 것을 선호한다면, 그러한 태도는 당신이 살고 있는 도시, 로마의 도시적 랜드스케이프에서 찾아볼 수 있는 조밀하게 짜맞춰진 조직에 의해 조건이 붙여진 것인가요? 밀도를 향한 당신의 노정은 특정한 조건에 의해 드러나는 것처럼 보이고, 당신이 이러한 조건을 보다 특정한 어휘로 지적해낼 수 있다면, 흥미로울 것 같은데요.

Ian+:
그렇습니다. 저는 도시적 랜드스케이프를 언급한 겁니다. 지난 몇 십 년 동안 도시화는 지구의 모습을 바꾸어왔습니다. 해안선, 강, 수송로 등은 Herve Le Bras 가 "도시의 실"로써 계획했던 것 내에서 변형되어 왔고, 이러한 방식으로 세계는 도시 자체가 되었고, 도시는 랜드스케이프가 되어버린 간접적 야생의 삶이 됩니다.

우리가 살고 있는 도시, 로마는 참으로 완벽한 예를 보여줍니다. 오늘날 로마는 여전히 몇 안 되는 유럽 도시들 중의 하나로 남아있고, 손대지 않은 자연적인 장소, 더 좋게 말하면 자발적인 보수 세력에 의한 "자가 방어"를 경험하면서 가로지를 수 있습니다. 따라서, 로마는 자연적 랜드스케이프를 변형하거나 길들이지 않고도, 자연적 랜드스케이프를 끌어안은 도시 모델을 상징합니다. 기술적 형상 배경을 통해 만들어진 Giambattista Nolli (1748)의 로마 계획은 까맣게 채워진 건물들 블록에 의해 형성되는 거리, 장소, 정원들이 하얀색의 보이드로 나타나는 것을 보여줍니다. 오늘날, 이와 유사한 표현은 로마를 묘사하기 위한 극히 어려운 시도가 되고 있습니다. 왜냐하면, 공간 보다는 이동이 로마를 보다 더 특징짓기 때문입니다. 다시 말하면, 지하철 지도나, 다른 공간들의 군도를 연결시키는 기반구조 체계의 지도가 도시의 현실을 훨씬 더 명확하게 보여주고 있습니다.

로마는 완벽한 실험 영역입니다. 로마는 우리의 건축을 형성하기도 하고, 그 형태를 없애기도 합니다. 또한, 좋지 않은 타협뿐 아니라 좋은 의미의 타협에서도 서로 다른 상황들을 계층화하면서, 존재하는 과정

reaction to density and it is not the attempt to reduce it, but a way to communicate and interfere with the natural condition of the contemporary town. The void is intended as a value, as the ideal relational space. We could work on the void even on a place whit low urban density, which needs to be transformed. The open space affects simultaneously different parts of the city, crossing and connecting them; it uses materials and creates situations where a different urban aesthetics can be recognized; it builds up special and temporal rhythms and sequences, where social features of our time are recognizable.

When we project a building, our concern is the open space surrounding it and the potentials this void can have. (In the parking building in Rome, the place where park cars will transform the void around it).

On one hand, our specific condition of working in Rome does not affect the method and the subject of the job, on the other hand, it affect us, because Rome is a non codified experimentation place, home of a reactive urbanism, made up of rules based on chaos and on spontaneous dynamisms of transformation. They are not the schools to carry out this laboratory, but the political urbanism in act and the self-construction, or abusive, dynamisms; they have generated, from the period after the 50' on a spontaneous growth of the city.

Many towns of modern world (I think about the city in development of Africa or South America) expand themselves outside the rules dictated by political authority. It is a phenomenon so deeply rooted, and of such a scope, that it is of no use anymore to keep on condemning it as a "disorder" versus "order", nor it must be absolved as a revenge from the excluded social classes. It is more important, instead, to try to understand why the instrument generated by the culture of traditional urban plans are less and less capable of keeping under control the reproduction and developmental mechanism of the city. Density, once again, issues from the use we make of a given place.

Density is not therefore "univocal destiny of contemporary city, but a genetic code we have to face everyday.

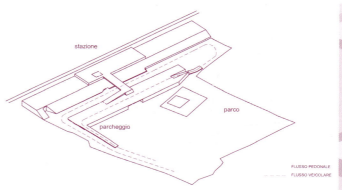

상 끝없는 변형을 겪어오고 있는 도시입니다. 이 도시의 밀도는 매우 특수한 것입니다. 그것은 보이드와 꽉 채워진 공간 사이의 관계에서 비롯되는 습관적 방식의 산물이 아니라, 일시적인 계층화와 그 경계들의 압축에서 비롯되는 것입니다. 이는 시간과 스토리의 밀도라 할 수 있습니다. 오픈 스페이스에 대한 우리의 관심은 밀도에 대한 반응이나, 밀도를 감소시키기 위한 시도가 아니라 현대도시의 자연조건과 소통하고 충돌하는 방식입니다. 보이드는 가치로서, 이상적인 상관 관계적 공간으로서의 목적을 갖습니다. 우리는 극히 낮은 도시적 밀도의 공간에서 보이드에 대한 작업을 할 수 있었고, 그것은 변형될 필요가 있는 것이었습니다. 오픈 스페이스는 도시의 다양한 부분을 가로지르고, 연결하면서 동시에 영향을 줍니다. 오픈 스페이스는 재료를 이용해서 다른 도시적 미학이 인식될 수 있는 상황을 야기시킵니다. 이는 특정하고 일시적인 반복과 연속을 확립하고, 거기서 우리시대의 사회적인 특징들은 인식 가능한 것이 됩니다.

우리가 건물을 계획할 때, 우리의 관심은 건물을 둘러싸고 있는 오픈 스페이스와 이러한 보이드가 가질 수 있는 잠재능력입니다.(로마의 주차 건물에서, 자동차를 주차시키는 장소는 그것을 둘러싼 보이드를 변형시킬 것입니다.)

한편, 로마에서 일을 하는 우리의 특수한 조건은 작업의 방법이나 대상에 영향을 주지 않고, 오히려, 그것은 우리에게 영향을 줍니다. 왜냐하면, 로마는 체계적으로 분리되지 않은 실험 공간이고, 반응이 빠른 도시화의 근거지이기 때문입니다. 그리고 로마는 혼돈과 변형에 대한 자발적인 세력에 기반을 둔 규칙들로 구성되어 있습니다. 그들은 이러한 실험을 수행하는 학교가 아니고, 행동하고, 스스로 구축하는, 혹은 독설을 퍼붓는 정치적 도시계획입니다. 그들은 50년대 이후의 시기부터 도시의 자발적인 성장 위에서 생겨난 것입니다.

현대세계의 많은 도시들(저는 아프리카나 남아메리카의 개발중인 도시에 대해 생각합니다)은 정치 권력에 의해 지령된 규칙들을 넘어서 스스로를 확장되어 나가고 있습니다. 이는 매우 뿌리가 깊은 현상이고, 배출구나 기회의 현상이기 때문에, 이를 "무질서" vs "질서"로 규정짓기를 지속하는 것은 더 이상 아무 소용이 없습니다. 또한, 소외된 사회 계층으로부터의 보복으로 방면될 리도 결코 없습니다. 그보다도, 왜 전

Ilka & Andreas Ruby:
If, when projecting a new building, you want to amplify the potential of the surrounding open space, which role does program play in this endeavour?

Ian+:
One of the greatest issue of modernity is to produce spaces through artificialization of the landscape, and it occurs by replacing the identity of a place with its functions which are reproducible and completely disanchored from the territory, which becomes a mere and provisory container, subdued to a series of modifications indefinitely protracted in time.
In our architecture we use the functional program to set up connections with the space. To think first about the program allows us to interact with reality through a series of corresponding analogies, between the place where we live and the buildings, places where to live, capable of reflecting time, the movement of living systems and which don not reproduce old segregations of metropolitan space.
Our work has been inspired by the theory of the living systems, as it was expressed by James Grier Miller. The book "Living system" is a dissertation about birth, development and evolution of the living systems in a continuous interaction and exchange with the environment.
According to Grier Miller's thinking, the living systems, are small as a cell, or big as United Nations, are articulated following the same organizational criterium.
This theory provides to architecture a practical method to detect rapidly the problems of a given reality, even though alien, capable of interacting with the different systems surrounding it.
Our first items in contest, the site for Mies Foundation in Barcellona and Goethe's house in Tokio, were born from the purpose of thinking the project through the analysis of activities taking place inside it; the topological maps analyze and provide a precise location of the single activities, which are not stratified on the different levels, but

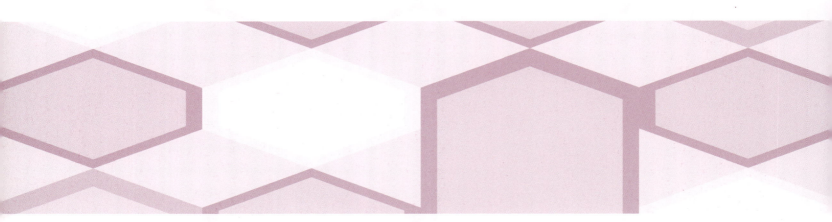

통적인 도시계획의 성과물로서 생겨난 수단이 도시의 재생과 발전적 메커니즘의 통제 하에서 점점 억제할 수 없게 되어가는지를 이해하려고 애쓰는 것이 더 중요합니다. 밀도는, 다시 한번 말하자면, 주어진 장소를 가지고 우리가 어떻게 이용하는가로부터 생겨나는 것입니다. 밀도는 따라서 "현대도시의 단일한 숙명이 아니라, 우리가 매일 대면해야 하는 발생적인 코드입니다.."

Ilka & Andreas Ruby:
새로운 건물을 계획할 때, 주변의 오픈 스페이스가 가진 잠재력을 확대시키고 싶다면, 이러한 시도에서 프로그램은 어떤 역할을 하게 되는 건가요?

Ian+:
근대성의 가장 큰 이슈중의 하나는 랜드스케이프의 인공화를 통해 공간을 만들어내는 것임이다. 이는 재생이 가능하고 영역으로부터 완벽하게 분리된 기능으로, 장소의 본질을 바꿈으로써 발생하게 됩니다. 그리고, 여기서의 기능이란, 시간의 측면에서 무기한으로 오래 끄는 일련의 변형으로 완화되어, 단지 일시적인 컨테이너가 되는 것을 의미합니다.
우리는 건축물에서 공간과의 연결을 설정하기 위한 기능본위의 프로그램을 사용합니다. 프로그램에 대해 우선적으로 생각하는 것은 우리가 사는 장소와 건물들 사이에서 일련의 유추를 통해 현실과 상호작용을 할 수 있게 해 줍니다. 또한 이는 대도시 특유의 공간에 대한 낡은 분리를 재현하지 않는 살아있는 시스템의 이동과, 시간을 반영할 수도 있습니다. 우리의 작업은 James Grier Miller가 표현했던 '살아있는 시스템' (Living system) 이론으로부터 영감을 받아왔습니다. "Living system"라는 책은 환경과 지속적인 상호작용과 교환을 하는 살아있는 시스템의 탄생, 발달 그리고 진화에 대한 학술 논문입니다.
Grier Miller의 사상에 따르면, 살아있는 시스템은 세포만큼 작거나, UN만큼 거대하고, 동일한 조직상의 기준을 따라 명료하게 표현된다고 합니다. 이 이론은 건축에, 주어진 현실의 문제들을 빠르게 탐지할 수 있는 실질적인 수단을 제공해줍니다. 비록, 이질적인 것이라도, 주변을 둘러싼 다양한 시스템들과 상호 작용할 수 있습니다.

distributed along the whole tri-dimensional space.

Something different occurs in a project in progress, the parking place in Rome. Here, the functional program becomes a starting point: to create a microinfrastructure capable of organizing the fluxes in urban landscape.

The concept of fluxes describes that particular feature of modern society reminding to communication and interconnection among different branches, which are often very distant one another: interconnection, economy, cultures, life styles.[2]

The arriving point is another one: to think how possible is for a building to set up a process of transformation in the landscape.

We think it is possible through the system of functional interferences between building and site; these interferences are capable of generating an autonomous program.

In the case of the parking place, the facade trigger an assimilation process of the site, so to be transformed into a park facility. In this case it is interesting how a predetermined function can create, thanks to architecture hosting it, other functions.

In the case of the research Hypercatalunia, we define the concept of "sportcity", which is not a monothematic town linked to sport function, but the place where sport phenomenon triggers transformations within the natural and artificial landscape, in which architecture becomes a medium to make evolve the idea of hybrid space and where sport functions reshape the territory and at the same time protect it. The open stadium, designed as a sport university, becomes the extension of an urban park. Finally, the docks among the mountains produce a difficult tourism and defend the landscape acting as filters for who wants to practice sport using nature.

In Microutopias, a new function is capable of reinventing, or of recycling, a war machine, an aircraft carrier, and, according to its function, of triggering different relations in new territories on the move. We like to think the buildings as objects in continuous change, as the city itself. As Jona Friedman claims, in its theory of mobile architecture, we need to make the hardware the most flexible and soft

2 Aldo Bonomi la citta infinita Bruno Mondadori editore Milano 2004

설계경기에서 우리의 첫번째 아이템인, 바르셀로나의 미스 반 데 로에 재단과 토쿄의 피테 하우스를 위한 부지는 프로젝트를 그 안에서 발생하는 행위들에 대한 분석을 통해 고려하고자하는 목적에서 시작되었습니다. 위상학적 도표들이 서로 다른 층을 따라 계층화되지 않고, 전체 3차원적 공간에 걸쳐 분포된, 각 행위들의 정확한 위치를 분석하고, 규정합니다. 진행중인 프로젝트, 로마의 주차공간 에서 뭔가 색다른 일이 발생합니다. 기능본위의 프로그램은 도시적 랜드스케이프 내에서 흐름을 조직할 수 있는 마이크로인프라스트럭쳐를 만들어내는 시발점이 됩니다.

흐름 이라는 개념은 많은 경우 서로 떨어져 있는, 이를테면, 상호관련, 경제, 문화, 생활방식등의 다양한 분파물들 사이에서 커뮤니케이션과 상호 관계를 일깨워주는 현대사회 특유의 특징입니다.

도착점은 또 다른 것인데, 건물이 랜드스케이프 안에서 변형의 과정을 제시하는 것이 얼마나 가능한가를 생각해보는 것입니다. 우리는 건물과 부지 사이의 기능적 간섭 시스템을 통해 가능하다고 생각하는데, 이러한 간섭은 자율적인 프로그램이 생겨나게 할 수도 있습니다.

주차공간의 경우, 입면은 부지와의 동화작용을 유발시켜, 주차 설비로 변형됩니다. 이 경우에 있어서, 미리 결정된 기능이 그것을 수용하는 건축으로 인해, 다른 기능들을 어떻게 창출해낼 수 있는가는 꽤 흥미롭습니다.

Hypercatalunia 연구의 경우에, 우리는 스포츠라는 기능과 연관된 단일주제의 도시가 아닌, 스포츠라는 현상이 자연적이고 인공적인 랜드스케이프 내에서 변형을 야기시키는 "sportcity"라는 개념을 정의내리고자 합니다. 그 안에서 건축은 혼성공간에 대한 아이디어를 발전시키는 매개가 되고, 스포츠라는 기능은 그 영역의 새 국면을 개척해나가는 동시에 보호하게 됩니다. 체육대학으로 계획되는 오픈 스테디움은 도시적 공원의 연장선이 됩니다. 최종적으로, 산들 사이에 자리잡은 부두들은 대처하기 어려운 관광 여행을 초래하고, 자연을 이용해서 운동을 하고 싶어하는 이들에게 필터의 역할을 하면서, 랜드스케이프를 지키고 있습니다.

마이크로유토피아에서, 새로운 기능은 전쟁기계, 항공모함을 재발명 혹은 재활용할 수 있고, 그 기능에 따라 이동중인 새로운 영역에서의 다양한 관계를 유발시킬 수도 있습니다.

possible Architecture should be adaptable.
According to Friedman, there is a great difference between hardware and software (which is still unknown) of a city. The software depends on the sudden decisions of people, therefore, the occupation of space and time is impredictable. We are interested in relations occurring between hardware and software, because architecture should consider this very complex relational system.

Ilka & Andreas Ruby:
The dream of a flexible architecture which is capable to adapt to each and everything has been one of the recurring myths of modernism. But as history has shown, is not enough to build buildings in a way which allows for later changes in its structure and spatial organisation. It is a mechanistic concept of flexibilty which is founded on both a hubris regarding the architect's capabilities to anticipate coming changes and a positivist denial of the fundamental unpredictable nature of reality. If today we have come to accept and embrace non-predictability as a key parameter of any evolutionary system, we would need to depart from that mechanistic notion of flexibility (not least because it has often led to the most generic architectural solutions). Couldn't we start to imagine flexibility less in machinic terms (the architectural mirror image of the kind of gadgets 007 gets from Q), but more as a function of architecture's performative relationship with its environment?

Ian+:
It is of course necessary to consider flexibility less in mechanistic terms.
The concept of flexibility has been one of the myths of modernism, to think of a space as adaptable to the changes of utilitary issues is still one of the recurring themes of contemporary architecture.
Even if the meaning of the word "flexible" has been replaced, in our experience, by the concept of "transformability" and reversibility".
A transformable space is a space capable of serving to different activities. An example of transformable space are the offices for DADA

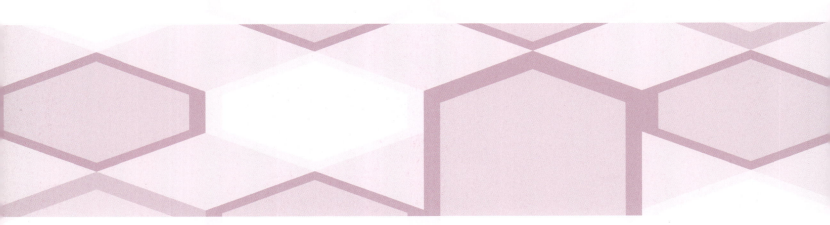

우리는 건물을 지속적인 변화를 하고 있는 사물, 도시 그 자체로 생각하는 것을 좋아합니다. Jona Friedman이 mobile architecture 에서 주장했듯, 우리는 하드웨어를 보다 탄력적이고 융화적인 것으로 만들 필요가 있고, 건축은 이에 순응할 수 있어야 합니다.
Friedman에 따르면, 도시의 하드웨어와 소프트웨어 사이에는 큰 차이가 존재합니다. 소프트웨어는 사람들의 갑작스러운 결정에 좌우되고, 따라서 공간과 시간의 점유는 예측 불가능한 것이 되어버립니다. 우리는 하드웨어와 소프트웨어 사이에서 발생하는 관계들에 관심을 가지고 있습니다. 왜냐하면, 건축은 방금 언급한 이 복합적인 관계 체계를 고려해야하기 때문입니다.

Ilka & Andreas Ruby:
개별적인 동시에 모든 것들에 적응할 수 있는 융통적인 건축에 대한 꿈은 모더니즘에 있어서 반복되는 신화중의 하나입니다. 그러나, 역사가 보여줘왔듯, 빌딩이 가진 구조나 공간 조직에 있어서, 차후에 일어날 변화를 허용하는 방식으로 건물을 짓는 것으로는 충분하지 않습니다. 그것은 다가올 변화를 예상할 수 있는 건축가의 능력에 대한 오만과, 본디 예측할 수 없는 현실의 본질에 대한 실증론적 관점에서의 부정에 근거한, 융통성의 기계론적인 개념입니다. 오늘날 우리가 만약 어떤 진화론적인 시스템의 주요 매개변수로서, 예측불가능성을 받아들이게 되었다면, 우리는 융통성에 대해 위에서 말한 기계론적인 개념으로부터 벗어날 필요가 있을 것입니다.(특히, 그 개념은 많은 경우, 가장 일반적인 건축적 해결책으로 이끌어왔기 때문입니다.)
우리는 융통성을 덜 기계적인 표현으로 상상하는 것을 시작할 순 없을까요? (일종의 간단한 기계장치 007의 건축적 이미지는 Q로부터 나온 것입니다.) 오히려 건축의 주변환경과의 수행적인 관계로서의 기능으로 보다 더 상상할 수 없을까요?

Ian+:
물론 기계론적인 측면에서는 탄력성(Flexibility)를 덜 고려하는 것이 필요합니다.
탄력성이라는 개념은 근대성이 갖는 신화중의 하나였고, 실리주의적

company.

This space modifies itself during its growth and, if needed, it should be able to be shaped in a totally different way from its original configuration.

The project is transformed through saturation of voids.

A reversible space is, instead, a space which can be inverted, with the consequence that it can be taken as a new premise: a continuous transfer between different statuses of balance of activities. Among these example I would cite again the parking place in Rome, which, thanks to its tridimensional facade, comes to terms with the environment, and is transformed in relation to time through complementary activities for the functions of the park.

All our projects show a high level of reversibility and adaptability which rises questions, such as the possibility to dismantle them, without having altered the site they were placed in; the possibility to add, or remove pieces, according to different issues, without compromising the weak order of the project; to the possibility to change their destination of use, without ruining the general organizational concept, or compromising the overall plan. They are architecture conceived not to endure, but to evolve in time[3].

It is an architecture which becomes microinfrastructure.

A structure which is complementary to the environment surrounding it and essential for urban settlements. The projects for Sportcity are another example.

The spider web is a metaphor of our concept of architecture and at the same time it is the perfect example of what a flexible microinfrastructure is.

The web sets up communication of different places, helps to purchase food, is a house and a defence system; it doesn't alter the value of a place, but is in strict contact with the surrounding environment, it regulates the mobility, by orienting fluxes.

3 Matteo Zambelli Ian+ interferenze con il reale su Archit Books review www.architettura.it 2004

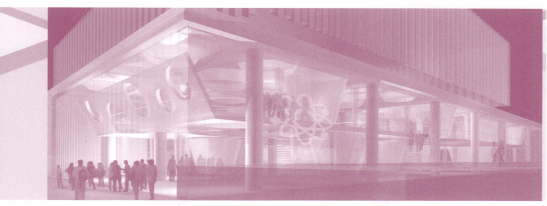

문제의 변화에 적용할 수 있는 것으로 공간을 생각하는 것은 여전히 현대 건축에서도 다시 제기되는 주제 중의 하나입니다.

"flexible"이라는 단어의 의미가 우리의 경험에서, 변형성과 가역성이라는 개념에 의해 대체되어오고 있음에도 불구하고 말입니다. 변형이 가능한 공간이란 다양한 행위들을 보조해줄 수 있는 공간입니다. 변형 가능한 공간의 일례는 DADA COMPANY의 사무실입니다. 이 공간은 성장하는 동안 스스로를 고쳐나가고, 필요하다면, 그 본래의 구성과는 완전히 다른 방식으로 형태가 만들어 질 수 있어야 합니다. 프로젝트는 보이드의 침투에 의해 변형됩니다.

가역의 공간은, 행위들의 평형이 만들어내는 다양한 상태들 사이에서 지속적으로 발생하는 이동이 새로운 전제로 받아들여질 수 있다는 결론에 따라, 전도될 수 있는 공간입니다. 이러한 예시들 중에서, 3차원적인 입면으로 인해, 환경과 타협하고, 시간에 대해서는 주차장의 기능을 보완하는 행위들을 통해 변형된, 로마의 주차공간을 다시 한번 언급하고 싶습니다. 우리의 모든 프로젝트들은 고도의 가역성과 적응성을 보여줍니다. 이들은 프로젝트가 놓여진 부지를 바꾸지 않고, 그들을 해체할 수 있는가 그리고 다양한 문제들에 따라, 프로젝트의 불충분한 상태와 타협하지 않고, 조각들을 더하거나 제거할 수 있는가, 혹은 전체 계획을 손상하거나, 전체적인 구성을 위한 컨셉을 버리지 않고도, 그들의 사용목적을 바꿀 수 있는가 등의 가능성에 대한 의문을 제기합니다. 그들은 견뎌내기 위해서가 아니라, 장래에 서서히 발전하기 위해 창상된 건축입니다. 즉, 마이크로 인프라스트럭쳐가 되는 건축입니다. 자신을 둘러싼 환경에 대해 보완적이고 도시적 해결에 반드시 필요한 구조입니다.

Sportcity 프로젝트가 또다른 예입니다.

거미줄은 건축에 대한 우리의 컨셉을 은유적으로 표현하는 동시에, 마이크로인프라스트럭쳐가 무엇인가를 보여주는 완벽한 예입니다. 웹은 서로 다른 장소들간의 커뮤니케이션을 제안하고, 식량 구매를 도와주며, 집이기도 하고, 방어체계이기도 합니다. 그리고, 장소의 가치를 변경하지 않는 대신, 주변 환경과 완전하게 접촉하고 있습니다. 또한, 흐름을 조정함으로써, 유동성을 조절합니다.

Mutatis Mutandis, A resilient architecture

In 1923, during the first Bauhaus exhibition, it made its appearence the very first modern house, or better, the first conceptual definition of "modern living". This concept reflects all the speculations about living, inherited from the Werkbund, the application of new building principles, which had already been prefigured by Le Corbusier and Walter Gropius; but, in the first place, it gives shape to the concept of a human being, who, after the first world war, has given up to the thinking structures of the XIX century.

The man conceived by the Bauhaus had to recreate a world around himself, through limited means and space, bound to impose a psychological and cognitive redefinition of the notion of "living" itself. Conceived by Georg Muche, with the assistance of Marcel Breuer, realized by the agency of Walter Gropius, under the direction of Adof Meyer, this experimental project, which could have formed the core of an architectural department inside the Bauhaus, will remain the vision of a rationalist spaciality.

Created for a family and built around the living room, which introduces on the same plan to all the other rooms, the house, featuring furnitures reproducing the positions of the body, distributes the activities in a sequence, which is spatial as well as temporal.

Not far from the summer residence of Goethe, in the parc of Weimar, the reductionism of the house Am Horn has raised strong reactions. A young canadian student, G. Wookey, mentioned with a certain irony, that the only construction, which could possibly embody the ideal of Bauhaus, is Goethe's garden.

It is just this double essence of the modernity that is present also in Ian+ with their project for Goethe's House, purposed for Shinkenchiku-Sha contest in Tokyo.

Here, Goethe defends a rationalism which is open to development, to the metamorphoses of the organic, to mutation against the static

Mutatis Mutandis, A resilient architecture
By Frederic Migayrou

필요한 변형을 가하여 원상으로 돌아가는 건축
글 / Frederic Migayrou

필요한 변형을 가하여 원상으로 돌아가는 건축

1923년, 첫번째 바우하우스의 전시회기간 동안, 가히 최초의 근대 주거라고 할 수 있는, 보다 좋게 말하면〈근대적 생활양식〉에 대한 최초의 개념적 정의가 그 모습을 드러냈다. 이 개념은 Werkbund(독일 노동조합)로부터 물려받은 생활방식에 대한 모든 고찰 및 Le Corbusier나 Walter Gropius에 의해 이미 예시되어왔던 새로운 건물 방침의 적용 또한 반영하고 있다. 그러나, 애당초 그것은 1차 세계대전 이후에 19세기의 사고체계를 포기해버린 인간이라는 개념에 형태를 부여하고 있다. 바우하우스에 의해 표현된 인간은 제한된 수단과 공간을 통해, 그의 주변 세계를 재현해야했다. 아울러《〈생활방식〉》의 개념에 대해 심리적이고 인식력 있는 재정의를 내려야 했다.

바우하우스 내 건축부의 핵심을 형성할 수 있었던 이 실험적인 프로젝트는 Marcel Breuer의 도움으로 Georg Muche에 의해 계획되었고, Adof Meyer의 지도하에 Water Gropius 의 대행으로 실현되었다. 아울러 합리주의자들의 미래상으로 남게 될 것이다.

이 프로젝트는 한 가족을 위해 창안되었고, 같은 평면에서 모든 다른 방을 처음으로 경험하게 하는 거실을 중심으로 지어져서, 집은 인체가 위치한 장소를 재생시키는 가구를 특색으로 삼아 시간뿐 아니라 공간적 순서로 행위들을 배치한다.

피테의 여름별장에서 그리 멀지 않은 Weimar의 공원에서, 환원주의적인 주거 Am Horn 은 강력한 반응을 일으켰다. 젊은 캐나다인 학생, G.Wookey 는 약간의 풍자섞인 어조로 바우하우스의 이상을 구현할 수 있는 유일한 건물은 피테의 정원이라고 했다.

도쿄의 신건축 공모을 위해 계획했던 Ian+의 Goethe's House 프로젝트에도 존재하는 것은 다름아닌 이같은 근대성의 이중적인 본질이다. 여기서 피테는 고정적인 독자성을 가진 형태로 계획되었던 유기체의 발전과 변형에 관대한 합리주의자들에 대한 탄원을 구체화한다. 그리고 그는 이동성이라는 본질에 근거하여 개체를 만들

DD IaN+

identity of the shape, as a succession of processes, creating a unity based on the essence of the mobility.

The allegory of Goethe's House is however, less a reference to the morphogenesis of the living nature, than the prosecution of a reflection engaged by Luca Galofaro in its analysys of Virtual House by Peter Esenmann, where he presents the genetic process of the architect.

The famous theory of "in between", which defines discovering in a succession of times, architecture as a writing process, which takes shape in the interrelation of interstitial spaces, is here analyzed in a more detailed way in relation to the modelling of the physics of liquid crystals.

If Peter Eisenman refers to diagrammatic models of the liquid crystals, it is the achivement of a structuralist understanding of architecture, which enlarges the possibilities of reflecting a computational inscription.

When Luca Galofaro analyzes the project of the Virtual House, he understands the diagrammatic process by Eisenmann, but he seems to radicalize it, by opening it to the overall program. The diagrams show how the building emerges from the ground, taking shape obeying to the order of the molecules in the crystal.

The most interesting aspects are the possibilities offered by these deformations in a practical spatial application, where multiple layers and superimpositions are used to mould the space.

It is possible to read in this text the definition of the project of Goethe's House, where functions do not organize anymore the distribution and orientation of the epaces, but the internal variability places the house as a generic unity, organizing a form in development.

The house is not anymore a statical frame, but it adapts its space according to the uses, by a successions of layers shifting the one on the other and transforming the volumetries in circulations.

The living space creates a dialogue with the bodies, balanceing the

Frederic Migayrou (philosopher) is an art and architectural critic, Chief curator, head of the architecture and design department at the Centre Pompidou in Pari

어내는 연속적인 과정을 지지하고 있다.

Goethe's House 가 풍유하는 것은 살아있는 자연만물의 발생에 대한 관계라기 보다는 Peter Eisenmann의 Virtual House 분석에서 Luca Galofaro가 약속했던 반영의 실행이다. 거기서 그는 건축가의 발생적인 프로세스를 보여준다.

저명한 이론인 《〈in between〉》은 시간의 연속에서 발견하는 것을 정의하고 있다. 사이 공간의 상호관계 속에서 형태를 취하는, 기록의 과정으로서 건축은 여기서 보다 상세한 방법으로 액체 크리스탈의 물리적 현상을 모델화하는 것과 관련하여 분석되고 있다. 만약 Peter Eisenmann이 액체 크리스탈의 도식화된 모형에 대해 언급한다면, 이는 건축을 이해하고 있는 구조주의 비평가들의 공로이다. 그리고 이를 통해, 컴퓨터 사용을 요하는 것에 대한 반영 가능성은 확대된다.

Luca Galofaro가 Virtual House 프로젝트를 분석할때, 그는 Eisenmann의 도식적 프로세스를 이해하고 있다. 그러나 전체 프로그램에 도식화된 과정을 개방함으로써, 근본적인 개혁을 하고 있는 듯하다. 다이어그램은 건물이 크리스탈의 분자 배열을 따라 어떻게 형태를 취하면서 땅에서 출현하는지 보여주고 있다. 가장 흥미로운 측면은 복합적인 겹과 중첩이 공간을 형성하는 데 이용되는, 실제 공간의 적용에 있어서 이러한 변형이 제공하는 가능성들이다.

이 텍스트에서 Goethe's House 프로젝트의 정의를 읽어낼 수 있고, Goethe's House에서는 더이상 기능이 공간의 배치나 위치를 조직하지 않는다. 그러나, 내부 변화성은 성장단계에 있는 형태를 체계화하면서, 집을 발생적인 개체로 간주한다.

집은 더이상 고정되어있는 프래임이 아니라, 서로 자리를 이동하고, 동선의 측면에서 용적을 변형하기도 하는 연속적 레이어를 통해, 용도에 따라 공간을 개조한다.

주거공간은 전계(電界)의 균형을 맞추면서, 인체와의 대화를 유발시킨다. 자신의 위치를 변화시킴으로써, '이동'에 개방적으로 참여한다. 이는 인체의 참여도 이끌어내고, 유기체로서의 형태를 발전시

electric fields. By changing its position, it opens to a participation to the movement, developing or reabsorbing its shapes as an organisme, inviting the bodies to participation.

These living systems replace the hierarchy of functions, the succession of activities, as time, which Ian+ rises to the status of an architecture, which remains an open process.

As an experimental project, the Goethe's House invites to conceive a new economy of uses, practice, bodies, defining itself as a field of open interactions, a device constantly interrelated to its environment, as an active connection between the private and urban domains.

This "interference with reality", to recall a concept Ian+ has imposed to architecture, must be adaptative, reshape itself according to the situations. The cutting of the plans in the Goethe's House multiply itself, by moving the internal spatial organization.

The Goethe's House remains a programmatic project, structuring the original language of Ian+ in relation to urban living space. It however considers architecture from a global point of view, as a part of a whole, which the architect must embrace as a totality.

Ian+ keeps loyal to the two main trends, which animate the contemporary architecture. On one hand, the work by Luca Galofaro on dynamic diagrams of Peter Esenman, using a device of digital conception, rises ontological and juridical issues on the identity of an architectural object.

On the other hand, the issue of the urban landscape seems to be underlined by the koolhasian spirit of a generic town, which forces to accept the urban materiality as it is, as a physical domain, where complexity has lost exteriority.

Considering its language, architecture is often limited to a conventional measurement standard, it is a primary element grouping a certain number of functionalities.

The elements of Goethe's House are found in the horizontal sequence of Mies van der Rohe Fundation, to create a modular grammar

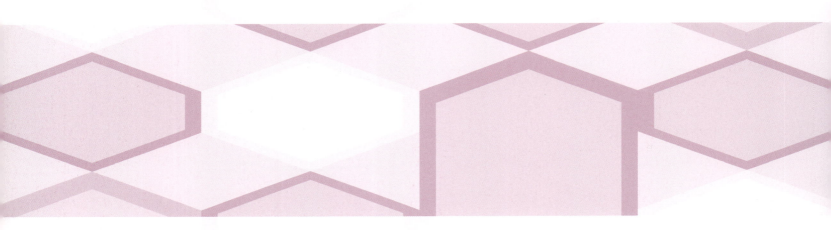

키고, 재흡수하기도 한다.

이러한 살아있는 시스템은 Ian+가 건축의 지위로 끌어올리고자 하는 시간으로써, 기능의 위계질서와 행위의 연속을 대신한다. 그리고, 이는 아직 열린 프로세스로 남아있다.

실험적인 프로젝트로서, Goethe's House는 용도, 실제, 인체에 대한 새 경제를 계획할 것을 권한다. 또한, 열린 상호작용의 장, 주변환경과 지속적으로 밀접한 관계를 갖는 장치, 그리고 사적인 영역과 도시적 영역의 적극적인 관계로 스스로를 정의내리고 있다.

이러한 《《Interfere with reality 현실에의 간섭》》은 Ian+가 건축에 부과한 컨셉을 연상시키기 위해, 적응성이 있어야하고, 상황에 따라 스스로를 재형상화해야 한다. Goethe's House에서 절단된 평면은 내부 공간 조직을 이동시키면서, 스스로를 복합화시킨다. Goethe's House는 도시적 주거공간과 관련한 Ian+의 독창적인 언어를 조직화하면서, 프로그램의 프로젝트로 남는다. 그런데, 광범위한 관점에서 볼때, 이 프로젝트는 건축 형태를 건축가가 전체성으로 포용해야하는 전체의 일부분으로 간주하고 있다.

Ian+는 현대 건축을 활성화시키고 있는 두가지의 동향에 충실함을 유지하고 있다.

한편으로, Peter Eisenman의 다이나믹한 다이어그램에 대해 디지털 개념 장치를 이용한 Luca Galofaro의 작업은 건축 대상의 정체성에 대한 존재론적이고 법률적인 논쟁을 불러일으킨다.

다른 한편으로, 도시적 랜드스케이프에 대한 문제는 일반적인 도시에 대한 쿨하스적인 태도를 통해 강조되고 있는 듯하다. 이는, 도시 특유의 물질성을 있는 그대로, 물리적 영역으로 수용할 것을 강요하고 있고, 여기서 복합성은 외면성을 상실했다.

건축의 언어를 고려한다면, 건축은 종종 전통적인 측정 기준에 의해 한정된다. 그리고, 이에 따르면 특정한 수의 기능을 분류하여 배치하는 것이 건축을 이루는 주요 요소이다.

Goethe's House를 구성하는 요소는 Mies Van der Rohe Foundation의 수평적 연속에서도 찾아볼 수 있는데, 이는 Ian+가

constituting the generic elements of the projects by Ian+.

The samples denying the functionality of the corbusian ariport in Microutopias, reappear in the information points at InfoPointDarc and in the spread out pavillons of Parc Eur in Rome.
These "organized islands" are elements activating the landscape with their own functionality, which are also able to activate the interstitial spaces, a place "in between", which has been mentioned in all the descriptive legends of the projects.

If the Darmstadt Congress Center, next to the Goethe's House, presents 3 functional blades divided by voids and organizing a bunch of staircases, the New Dada Head Office reconsiders the concept of the functional plans of a given building, representing the idea of a group of matrixes, spread according to their uses and articulating the building in a horizontal, as well as in a vertical way.

The building creates inside a hierarchy almost "urban" between private poles, working places, service spaces and circulations, which reshape a domain for meeting the collective aspect.
For Ian+, town is an objective domain, an inertial model bound to build a urban esthetique, a physics melting images, materials and uses.
It is much more a living system, with a strong evolutional and adaptative capability.
It sets up a field of interactions, where all architectural projects must articulate and be connected.
The notion of "living system" constantly occurs in the textes by Ian+, referring to the famous work by James Grier Miller Living Systems, who attempts to analyze the complex symbiotic relations and the interactions game inside a given environment.
Architecture cannot be only infrastructure, an empty skeleton, an intertial envelop. It must be conceived in an active synergy with the textures it is placed in.

프로젝트들을 이루는 포괄적인 요소를 구성하는 모듈 원리를 창안해내기 위한 것들이다.
Microutopias에서 꼬르뷔지에식 공항의 기능성을 부정하는 실례는 InfoPointDarc 의 인포메이션 포인트와 로마 Parc Eur 의 전개되는 파빌리온에서 재현한다. 이러한 《organized islands 유기적인 섬》은 그만의 기능성을 통해 랜드스케이프를 활성화시키는 요소라 할 수 있다. 또한, 이들은 프로젝트의 사실에 근거한 전설에서 언급된 적이 있는 《in between》 틈새 공간들도 활성화시킬 수 있다.
Goethe's House에 이어 Darmstadt Congress Center가 다량의 계단실을 구성하면서, 보이드로 나뉘어진 3개의 기능적인 날개를 등장시킨다면, New Dada Head Office는 주어진 건물에서 기능적 평면의 컨셉에 대해 재고해본다. 그리고, 이는 기반과 용도에 따른 전개에 대한 아이디어를 표현하고, 건물을 수직적 뿐 아니라 수평적인 방식으로 통합시킨다.
건물은 내부에 사적인 공간, 업무공간, 서비스 공간 그리고 동선 사이에서 《도시적》인 위계를 만들어낸다. 이는 집합적인 양상에 대처하기 위한 영역에 새 형태를 취하게 한다.
Ian+에게 있어서 도시는 그들이 목표로 삼는 영역이고, 도시적 미의식, 즉 이미지, 물질 그리고 용도를 사라지게 만드는 물리적 특성을 확립해야 하는 관성모델이다.
도시는 강한 진화력과 적응력을 갖춘 훨씬 뛰어난 살아있는 시스템이다. 그리고, 모든 건축 프로젝트들이 통합하고 연결될 수 있는 상호작용의 영역을 확립한다.
《living system 살아있는 시스템》이라는 개념은 James Grier Miller의 유명한 저작인 Living Systems를 참조하고 있는 Ian+의 텍스트에서 지속적으로 발견된다. 그 책에서, James Grier Miller는 주어진 환경내에서의 복합적인 공생관계와 상호작용 의도를 분석하고자 시도하고 있다.
건축은 결코 단지 인프라스트럭쳐, 혹은 비어있는 뼈대나 탄력에 의한 외피에 그칠 리가 없다. 대신, 건축이 놓여있는 조직과의 활발한

The living project for Europan 5 also features a vertical structure, by hybridating circulations, semi-public spaces and houses.
Behind this systemic will, urban strategies by Ian+ are directed towards a re-programmation, where the elements of rearrangement create a melting pot between natural and urban elements. .(Urban Space Zollikon).
This mutual contamination, characterizing the houses of Housescape, according the continuity of a progressive staircase, underlines the discontinuity of the building, but, at the same time, it gives force to the architecture of the landscape, giving shape to a dynamic dimension for connection.
When Ian+ claims the development of an "ecological" arhcitecture, it must be understood as an "ecosystem", conceived as a generative system. Nature, texture and equipments of the man take place to the same project of engineering.
Architecture must be adaptative, because only through adaptation it is possible to build the complexity. When William Mittchel, in Logics of Architecture, attempted to read the history of this subject as a combinatory system of elements, he tried to put under the right light the generative core typical of architecture.
Beyond any simple spatial conception, the architectural project today must be open to the complexity. It enters the age of variability and correlation. Ian+ invents an architecture which emphasizes the complex series of symbiotic relations animating the urban texture, an architecture accentuating its capability of being flexible and adaptable, and architecture which is resilient.

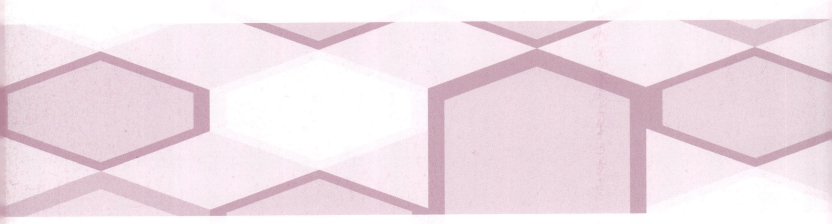

협동 속에서 착상되는 것이 분명하다.
European 5에 대한 주거프로젝트는 또한 동선, 반-공적인 공간과 집을 혼성시키면서, 수직적 구조를 특징으로 삼는다.
이러한 시스템적 의도 배후에, Ian+의 도시적 전략은 재프로그램으로 방향을 취하고 있는데, 여기서 재배열 요소들은 자연 요소와 도시 요소들간의 융화점을 창조해낸다. 이러한 상호 혼성작용은 Housescape의 집들을 특성화시키고 전진하는 계단실의 연속성을 허용하면서, 건물의 불연속성을 강조하고 있다. 그러나 동시에 연결을 위한 역동적인 영역에 형태를 제공하면서, 랜드스케이프의 건축에 힘을 실어준다.
Ian+가 생태학적 건축의 발전에 대해 의견을 말할 때, 그것은 생성력이 있는 시스템으로서 계획되는 생태시스템으로서 이해되어야 한다. 자연, 조직 그리고 인간의 기술은 같은 프로젝트인 공학기술에도 발생하는 것이다.
오직 적응만을 통해서 복합성을 세우는 것이 가능하기 때문에, 건축은 적응력이 있어야 한다. Logics of Architecture(건축의 논리학)에서 William Mittchel이 이 제목의 유래를 각 요소들을 결합할 수 있는 시스템으로 읽으려 시도했을 때, 그는 오른편 조명 아래에 건축의 전형적인 생성의 중심을 배치하고자 노력했다.
어떤 단순한 공간적 개념의 범위를 넘어서, 오늘날 건축 프로젝트는 복합성에 개방되어야 한다. 건축프로젝트는 변화성과 상관성의 시대에 들어서고 있다. Ian+는 도시적 조직을 활성화시키는 공생관계의 복합적인 연속을 강조하는 건축, 융통적이고 적응력이 있는 가능성을 두드러지게 하는 건축 그리고 탄력적인 건축을 창안해낸다.

IaN+

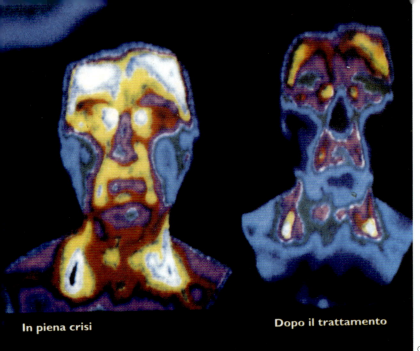

In piena crisi   Dopo il trattamento

Concept

Mies van der rohe foundation

International competition Barcellona, Spain, 1998:_Honorable mention
proprety: Frac Centre Orleans

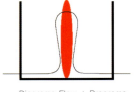

Diagrams Flow + Programs

IaN+

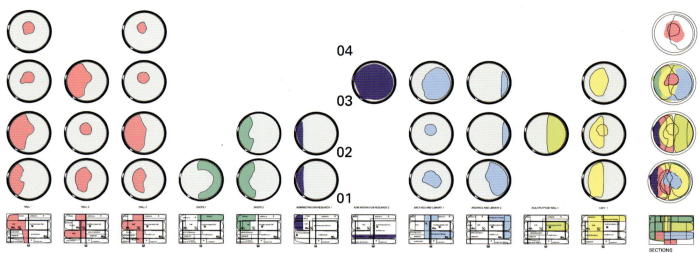

Topological Map

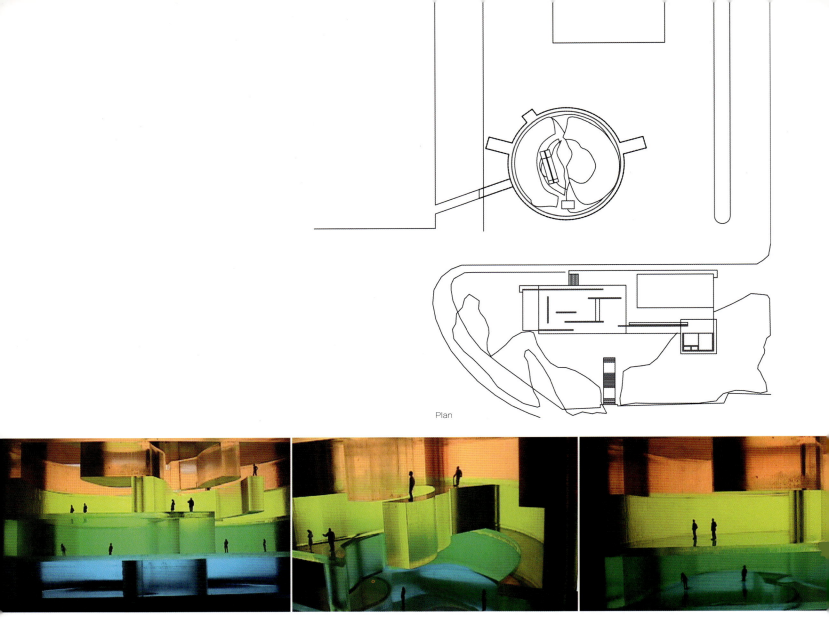
Plan

The competition notices the new headquarter could be set into relationship with the existing Mies van der Rohe pavilion in Barcelona. The first purpose was to identify an "empty space" or "a void" where to settle the site. The final choice fell into the plaza facing the existing pavilion. Excavation is meant to set the underground area free. In a certain way, in creating an apparent absence, the project brings a discrete presence, capable of capturing the original power of Mies' space. In the second place, the following step was to draw up topological maps for each series of activities to develop the project and their potentially subsequent relations. These maps, or diagrams, are a reference point for the organizational system of an intersecting, fluid, overlapping building. Maps are not meant to provide precise locations for singular activities, dividing them into horizontal bands of use, to separate floor plans. The diagrams indicate that activity's areas shift from one level to the other, as if their reference coordinates do not obey to gravity force. This flowing, vertical system, where one activity flows into another vertically as well as horizontally, is seen as a working metaphor, according to the fluidity of Miesian space notion. The project is therefore a vertically developed building, where all activities are distributed throughout the entire space, expanding in all directions. The void becomes the real substance of this dynamic space, in a dissolution of dialectical opposites. Lao Tze had written that "reality of a room lies in its empty space, not in the walls or in the roof," and still that "the void is almighty, as it contains everything. Only in the void is all movement possible." People get into the building at the lowest level and follows a continuous path through it. The visitor is drawn forward through the project, rising from the lowest level up to ground level. The rise to the surface is slow, fluid. This process emulates the continuity and spatial fluidity, as in Mies' projects, where there are no precise divisions of spaces, but just temporal interruptions of flow.

DD IaN+

General view

본 공모전은 새 본부 건물이 바르셀로나의 현존하는 미스 반 데 로에의 파빌리온과 연계되어 놓여질 수 있다는 점을 통지해 왔다. 첫번째 논점은 보이드(void)를 부지를 앞힐 자리의 어느 곳에 배치할 것인가를 정하는 것이었다. 그리고 최종 선택은 현존하는 파빌리온을 마주하고 있는 광장으로 돌아갔다.

굴착작업은 지하 공간을 보다 자유롭게 하기 위해 계획된 것이다. 확정된 방식으로, 명백하게 눈에 보이는 '부재'를 만들어낼 때, 프로젝트는 불연속적인 '존재'를 이끌어내고, 이로써 미스 반 데 로에가 만들어냈던 공간의 독창적인 힘을 획득할 수 있다. 두 번째로 이어지는 단계는 프로젝트와 행위들에 의해 잠재적으로 수 반될 관계들을 발전시키기 위해, 일련의 행위들에 대해 각각의 위상학적 도표를 작성하는 것이었다. 이런 도표들 혹은 다이어그램은 서로 교차하고, 유동적이며, 겹쳐지는 건물의 유기적 구조에 대한 참조가 된다. 도표들은 행위들을 용도에 따른 수평적 띠로 나누어, 단독 행위들의 정확한 위치를 알려주거나, 평면 계획을 분류하기 위해 의도된 것이 아니다. 다이어그램들은 마치 그들이 참조한 좌표들이 중력을 따르지 않는 듯, 행위의 영역들이 하나의 평면에서 다른 평면으로 옮겨가는 것을 보여준다. 하나의 행위가 다른 행위로 수평적으로뿐 아니라 수직적으로 흐르듯이 움직이는 이 유동적이고, 수직적인 시스템은 Mies의 공간 개념인 유동성에 의하면, 꽤나 효과적인 은유로 보인다. 그 결과, 이 프로젝트는, 모든 행위들이 모든 방향으로 확장하면서 전체공간의 도처에 배치된, 수직적으로 전개된 건물이 된다. 보이드(void)는 상극적인 요소들의 소멸 속에서, 이러한 역동적인 공간의 실체가 된다. Lao Tze는 "어떤 공간의 실체는 벽이나 지붕에 있지 않고, 바로 빈 공간에 위치한다." 그리고 "보이드(void)야말로 모든 것을 다 담을 수 있으므로, 전능하다고 할 수 있다. 보이드(void) 안에서만 모든 이동이 가능하다"라고 썼다. 사람들은 가장 낮은 레벨에서 건물로 진입하고, 건물을 통과하면서 연속적인 통로를 따라간다. 방문객은 최저 레벨에서 지면레벨로 상승하면서, 프로젝트를 통해 밖으로 이끌어져 나오게 된다. 지표면으로의 상승은 느리고, 유동적이다. 공간의 명확한 구별이 결코 존재하지 않고, 단지 흐름의 일시적인 중단만 존재하는 Mies의 프로젝트들에서와 마찬가지로 ,이 프로세스도 연속성과 공간적 유동성을 본뜨고 있다.

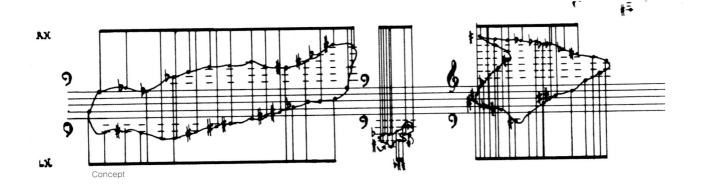

Concept

Goethe's House
International competition Tokyo Japan 1999 honorable mention
proprety: Frac Centre Orleans

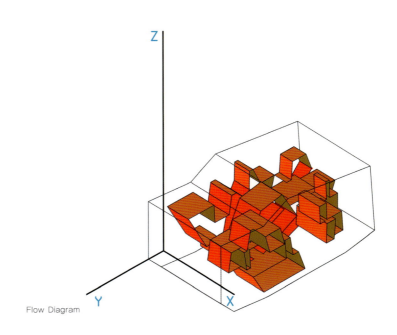

Flow Diagram

IaN+

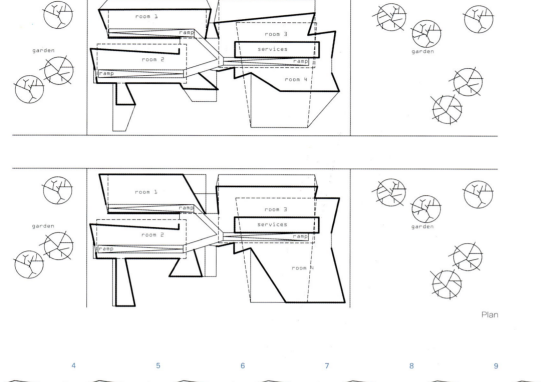

Plan

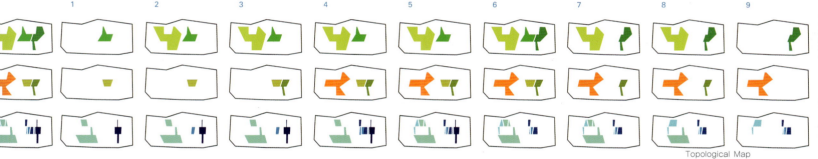

Topological Map

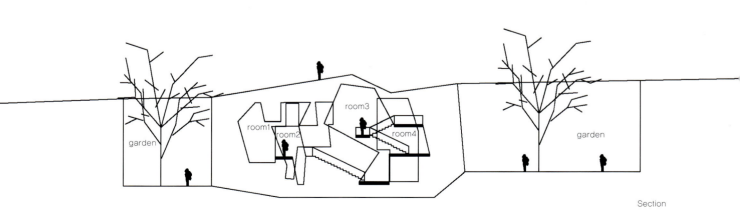

Section

Aggregation System

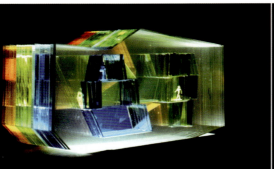
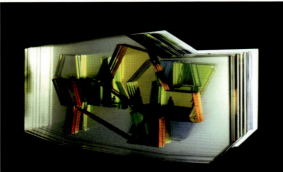
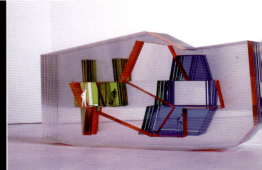

The project of Goethe's House began from a formal reflection on the space of the house, not on the static shape or form of the architecture, but as a study of the possible variations of the spaces of the house through the reshaping of form. In his scientific researches, Goethe studied the metamorphosis as a never ending change in forms. We are reluctant to use the term "metamorphosis" as it is loaded with historical meanings. We would like, however, to take Goethe's interest in changing form as a starting point, whereby we might reflect on the transition of form from one shape to another. We use the notion of "transition of form" to define the space of the house. Our main aim was to release form from its identity as a static object and to allow it to move and change in time. It is important to understand that these changes and mutations can reshape space. The project then becomes a journey through the time, inside an ideal house, where the shifting and continuous rearrangement of the space follows the emotional flows of demands and movement, changing the surrounding reality.

The diagram for this process is again a topological map of activities defining the spaces of the house. Through their movement, the house's inhabitant establish their position in a semi-natural space: the inhabitants' position becomes then a concentration of living space which creates the house. The space is transformed by the interchanging flow between various activities. This flow stimulates a change in the house which takes place through the slipping of layers, through sections sliding past each other. The spaces of the house extend and shrink, depending on movement; as the inhabitants change in position, the space changes in infinite configurations. The building starts as a simple abstract container that distends, contracts, in a continuous change through man's use, as a registration of human presence and desire. We have tried to de-emphasize the force of gravity, by eliminating the clear division between floors, ceilings and walls. The spatial continuum expresses the flow of vital forces in the house as a living organism might. The interior space of the house abandons the traditional cubic spaces associated with dwelling and stimulates new sensorial experiences.

IaN+

'괴테 하우스' 프로젝트는 '집'이라는 공간에 대한 형식적 재고에서 시작되었다. 건축의 형태라든지 정적인 형상에 대한 재고가 아니라, 형태의 재형을 통해 집이라는 공간의 가능한 변형들을 연구하는 것으로서의 재고이다. 피테의 엄정한 조사에 따르면, 그는 형태내의 끝없는 변화로서 변형(metamorphosis)을 연구했다고 한다. 이런 의미에서, 우리는 내키지 않지만, 'metamorphosis'라는 용어가 역사적인 의미를 가지고 있기 때문에 사용하고자 한다. 우선, 우리는 변화하는 형태에 대한 피테의 관심을 출발점으로 택하고, 하나의 형태에서 또 다른 모습으로 형태가 변화하는 것에 대해 곰곰이 생각해 볼 것이다. 그리고, 집이라는 공간을 정의하기 위해 '형태의 변이'라는 개념을 사용한다. 우리의 주목적은 형태(form)를 정적인 사물이라는 형태의 본질로부터 해방시키고, 장래에는 움직이기도 하고 변화도 하게끔 하는 것이다. 이러한 변화와 변이들이 공간을 재형상화할 수 있다는 것을 이해하는 것은 중요하다. 이 프로젝트는 이상적인 집 내부에서 시간을 통과하는 여행이 된다. 집 내부에서, 주변의 현실을 변화시키고, 공간의 변화와 끊임없는 재배열은 요구와 움직임의 감성적 흐름을 따르게 된다. 이러한 과정에 대한 다이어그램은 또다시 집의 공간들을 정의하는 행위들의 위상학적인 도표가 된다. 움직이면서, 집의 거주자는 반-자연적인 공간에 그들의 자리를 잡는다. 거주자의 위치는 집을 만들어내는 생활 공간들이 집중하는 곳이 된다. 그 공간은 다양한 행위들간의 번갈아 일어나는 흐름에 의해 변형된다. 이러한 흐름은 층(layer)들의 움직임과 단면들이 서로 지나치면서 이동 하는 등을 통해 발생하는 집 내부의 변화를 활성화 시킨다. 거주자들이 위치를 바꾸고, 공간들이 무한하게 형상을 변화시키는 등의 움직임에 따라, 집의 공간들은 확장하고 또 수축한다. 이 건물은 인간의 존재와 욕망을 기록하듯, 인간의 사용에 따라 지속적으로 변화하면서, 팽창하고 수축하는, 순전히 추상적인 컨테이너로서 출발한다. 우리는 바닥, 천장 그리고 벽들을 명확하게 구분하지 않음으로써, 중력의 힘을 덜 강조하려고 노력했다. 공간의 연속은 마치 살아있는 유기적 조직체의 힘처럼, 집안에서 생명력의 흐름을 표현해낸다. 집의 내부공간은 주거와 연관된 전통적인 입방체적 공간을 버리고, 새로운 지각 경험을 자극하고자 한다.

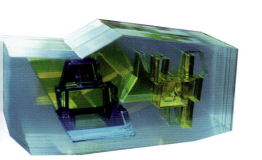

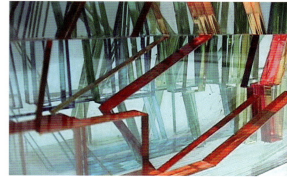

Spatial concept

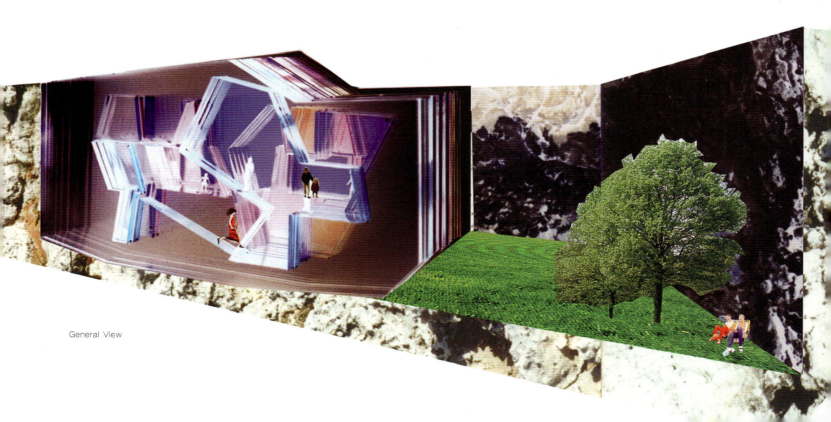

General View

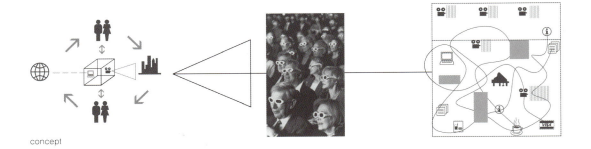

concept

EUR Congress Centre
International competition Rome Italy 1998

Activity Zones

Inter Zones

DD IaN+

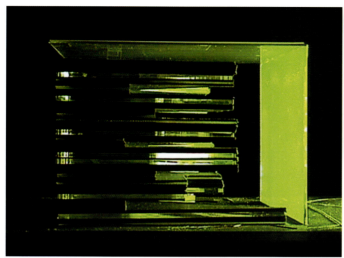
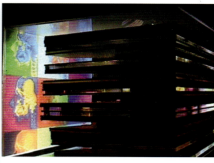

- limit
- public circulation
- void
- program
- program growth

Diagrams Flow + Programs

042 ■ 043

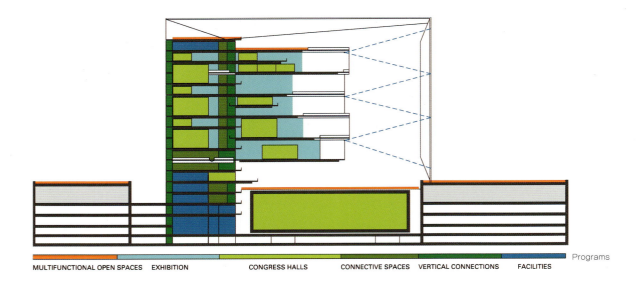

MULTIFUNCTIONAL OPEN SPACES	EXHIBITION	CONGRESS HALLS	CONNECTIVE SPACES	VERTICAL CONNECTIONS	FACILITIES

Programs

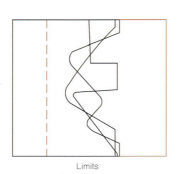
Limits

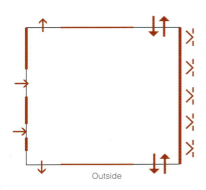
Outside

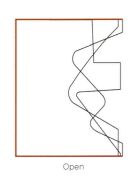
Open

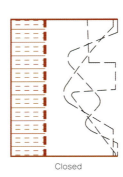
Closed

A congress centre is a catalyst for different activities, it has to be extremely flexible as its obsolescence capacity, today, is remarkable. Is necessary to have a neutral stage that can eliminate the style and refuse an architecture, which distinguishes itself only by its aesthetics. In this building the system of connections between exterior and interior transforms itself in a system of communication of informations. The idea is simple we look for different uses of the same space, meeting the demands of the tender which required a plenary session hall for about 10.000 persons, without using the principal hall of 3000 seats. We did not think that to move the space to the exterior of the building in a large square would solve the problem, we wanted to find a space inside the congress centre.

For this reason we transformed the whole building into an assembly hall.

At each floor there is a part of service areas, conference halls, vertical connections, organized as a solid block, and a flexible area free to be organized in a different way according the needs and the type of congress. The overlapped levels at variable heights in front of the services areas becomes a terraced system that will permit the 10000 participants to take part to the plenary assembly by means of its projection on a screen.

The hall is organized in a vertical way as the Italian theatres. In its interior solid and void have the same value, as both locate an exact field of action, where the activities guide the configuration of the architecture. Zone and intern zone shape the space, the controlled zones host all the principal functions: congress halls, auditorium, restoration area, offices, commercial spaces, bank, fitness centre; the interzones made of relational spaces, exhibition areas, large terraces ,not only supply a division between the primary functions , give a relative control of the accesses as they are usable, permeable and integrated with ordinary urban life, contribute also to the relational system. Each floor has small storage rooms for the equipment of primary assistance, which are connected to bigger underground deposits. In the planning of these rooms priority was given to flexibility and transformability. In the free floor, thanks to a system of mobile panels fixed to ceiling and floor, conferences halls of various sizes can be assembled , the exhibition space is organized around the halls. Once disassembled the panels can quickly be stored together with the equipment.

All the possible variables or variations of the project are concentrated in the interzones.

In these interstitial we find the heart of the building which provides a flexible and constant growth, as the activities change following the needs, a single zone can

IaN+

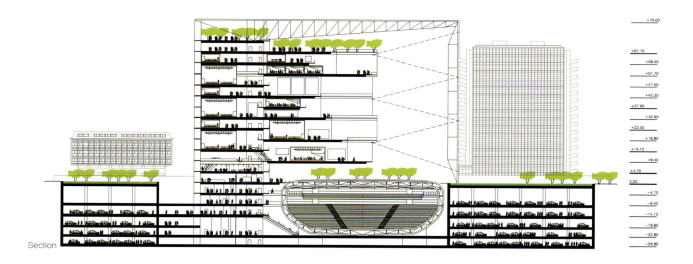
Section

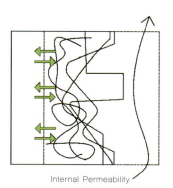
Internal Permeability

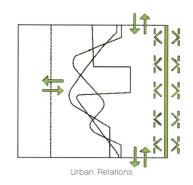
Urban Relations

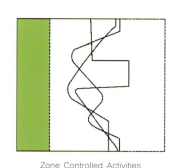
Zone Controlled Activities

Zone Free Activities

temporarily use the space of the interzone so the building can grow following a variable control function. There are different levels in the interzone, and its boundaries continually move.

The value of this neutral space is the dissolution of the materiality of architecture in the surrounding space, through a sequence of layers in which can alternately fit living spaces and natural spaces, interior and exterior are superimposed in a continuous movement creating a new surrounding or better a new urban environment. An architecture whose gain consists in dissolving the boundaries of the building and rendering superfluous the meaning of the solid masses.

The building develops from the inside a space which continually transforms not only natural and /or real. A surrounding which can be cultural and not necessarily physical.

In these field of action communication reigns at all levels of perception and information reach this domain making it changeable.

The mandala of the square contained in the circle well describes the field of action of the project, where the circle represents the nature and the square mans world, the space between the two described by the mandala as the garden, in this project the allotment is the circle and the building is the square ,the intersection between the two, the covered square, is the garden. This space belongs the culture of electronic media, a field where architecture and environment intersects, a field where the slow rupture between the traditional boundaries of the arts ias taking place.

"The body as a scenery ,the landscape as a scenery, time as a scenery progressively disappear. The same happens to public space here lays our only architecture of today: big screens on which atoms, particles and molecules in movement are projected. Not a public scenery, a public space, but gigantic areas of circulation, ventilation, ephemeral insertion. we are not in the tragedy of alienation anymore we are in the ecstasy of communication" Jean Baudrillard

The building is open even if its perimeter is not completely permeable but flexible and unstable, permitting a adjustable connection with the surrounding city. The building captures the city from its interior and adjusts to the changes imposed by the city itself.

On the front side of the building the screen wall represents the strongest mean of communication. The space which characterizes the project is the space of the information and communication, around which all activities develop.

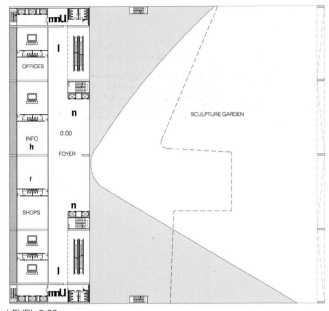
LEVEL 0.00

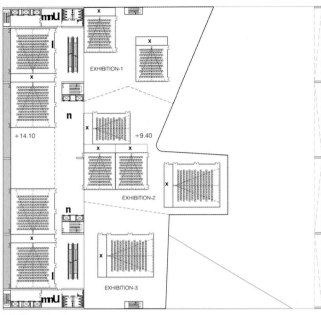
LEVEL +14.10

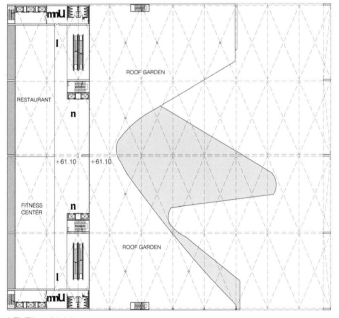
LEVEL +61.10
Plans

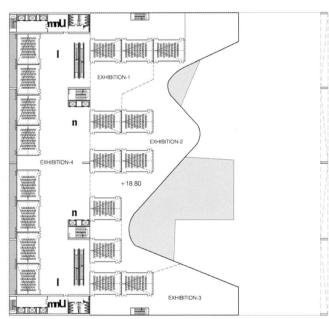
LEVEL +23.50

회의장은 다양한 행위들을 위한 촉매 역할을 해야 하고, 오늘날 쇠퇴가 두드러지기 때문에 특히 융통적이어야 한다. 아울러 양식을 제거하고, 미학적인 측면만으로 특징지어지는 건축을 거부할 수 있는, 특정한 성격을 갖지 않는 단계를 가질 필요가 있다. 이 건물에서 외부와 내부를 연결하는 시스템은 정보 교환 시스템 내에서 스스로를 변형시킨다.

아이디어는 단순하다. 우선 3,000석 규모의 주의회당을 사용하지 않는다. 대신 약 10,000명을 수용할 수 있는 총회 홀을 필요로 하는 요구를 충족시키면서, 같은 공간을 다양한 용도로 사용하는 법을 찾아 본다. 우리는 거대한 광장 안에서 공간을 건물 외부로 옮기는 것이 문제를 해결할 것이라고 생각하지 않았고, 회의장 내부에서 공간을 찾고 싶었다. 이런 이유로 우리는 전체 건물을 하나의 의회 홀로 바꾸었다..

각 층에는 서비스 영역일부, 회의실, 수직 연결부가 있는데, 이들은 꽉 채워진 블럭으로 계획되고, 회의의 형태나 필요에 따라 다양한 방식으로 자유로이 계획될 수 있는 유동적인 영역으로 조직된다.

서비스 영역 앞부분의 다양한 높이에서 겹쳐지는 층들은 10,000여명의 참석자들이 스크린에 투사되는 것을 통해 회의에 참여할 수 있도록 계단식 단 구조로 되어있다.

홀은 이탈리아식 극장처럼 수직적 방식으로 구성된다. 그 내부에서 꽉 채워진 것(Solid)과 비워진 것(Void)은 같은 정도의 가치를 갖는다. 이는 두 가지 모두 행위를 위한 영역의 정확한 위치를 정하고, 그곳에서의 행위들은 건축 윤곽에 대한 지표가 되기 때문이다.

구역과 내부 구역은 공간을 형성하고, 통제되는 구역은 모든 주요 기능들 : 회의 홀, 강당, 복원영역, 사무실, 상업공간, 은행, 피트니스 센터 등을 담고 있다. 관련공간, 전시영역, 대규모의 테라스로 이루어진 내부구역은 주요 기능들간의 경계를 제공한다. 그리고 그 공간들이 사용가능하고 침투할 수 있으며, 일상적인 도시 생활과 융화될 때, 접근에 있어서 적절한 통제를 할 뿐 아니라, 관련 시스템에 도움이 되기도 한다. 각 층들은 주요 보조 장비들을 위한 소규모 저장고를 갖추고 있는데, 그 저장고들은 보다 큰 지하의 매장물들과 연결된다. 이러한 공간의 계획단계에서는, 융통성과 변형가능성에 우선권이 주어진다. 비어있는 층에서는, 천장과 바닥에 고정된 가동 패널 구조 덕분에, 다양한 크기의 의회 홀들이 만들어질 수 있고, 전시공간은 그 홀들 주변에 계획된다. 일단 해체된 패널들은 장비들과 함께 신속히 저장될 수 있다.

이 프로젝트의 모든 가능한 변수와 변형은 내부구역에 집중된다.

이러한 틈에서, 우리는 탄력적이고 지속적인 성장을 제공하는 건물의 심장부를 발견하게 된다. 왜냐하면 행위들은 필요에 따라 변화하고, 각각의 구역은 일시적으로 내부구역의 공간을 사용할 수 있으며 건물은 다양한 통제기능을 따르면서 성장할 수 있기 때문이다. 내부구역에는 다양한 레벨들이 존재하고, 그 경계는 지속적으로 이동한다.

이 불명확한 공간의 의의는 교대로 생활공간과 자연공간들에 적합하게 되는 일련의 켜들을 통해 주위 공간에서 건축의 물질성을 소멸시킨다는 것이다. 새로운 환경과 보다 좋고 새로운 도시적 환경을 만들어내면서, 내부와 외부는 지속적인 움직임 속에서 포개진다. 건축이 얻는 것은 건물의 경계를 없애고, 채워진 매스들의 넘쳐나는 의미들을 표현하는 데에 있다.

건물은 자연적인 것 뿐 아니라 실재하는 것을 지속적으로 변형시키는 공간의 내부로부터 전개된다. 주변 환경은 문화적일 수 있지만, 반드시 물리적일 수는 없다.

이러한 행위의 영역에서 커뮤니케이션은 모든 수준의 지각대상에 널리 퍼져나가고, 정보는 자신을 가변적인 것으로 만들면서, 이 영역에까지 도달한다.

원형광장의 내부에 담겨진 광장의 만다라는 프로젝트에 있어서 행위의 영역을 표시한다. 그리고 그곳에서 원형광장은 자연을 상징하고, 광장은 세계를 의미하고, 둘 사이의 공간은 만다라에 의해 정원으로 그려진다.

이 프로젝트에서 할당된 영역은 원형광장이고 건물은 광장이며, 그 둘 사이의 교차점인 덮개가 씌워진 광장은 정원이다. 이 공간은 전자 미디어 문화, 즉, 건축과 환경이 교차하는 영역, 예술의 전통적 경계들 사이에서 점차적인 파열이 발생하고 있는 영역에 속해 있다.

"..풍경으로서의 육체, 풍경으로서의 랜드스케이프, 풍경으로서의 시간은 점진적으로 사라져간다. 같은 현상이 공공 스페이스에서도 발생하고, 여기에 오늘날 우리만의 건축이 놓여있다. 그것은 바로 움직이는 원자와, 입자 그리고 문자들이 투영되는 거대한 스크린들이다. 대중적 풍경이나 공공 스페이스가 아니라 순환, 환기, 단시간의 끼워넣기 이다. 우리는 더 이상 소외의 비극에 놓여있지 않다. 우리는 커뮤니케이션의 광희 속에 있다." Jean Baudrillard

건물은 그 주변을 완전히 침투할 수 있는게 아니라, 가변적이고 불안정하더라도, 주변 도시와의 순응할 수 있는 연결을 용납하면서 개방된다. 건물은 그 내부에서부터 도시를 점령하고, 도시 그 자체로부터 부과되는 변화들에 적응해나간다.

건물의 앞면에서, 스크린으로 된 벽은 커뮤니케이션이 가지는 가장 강력한 의미를 상징한다. 프로젝트를 특징짓는 공간은 모든 행위들이 그 주변에서 발전하는 정보와 커뮤니케이션의 공간이다.

General View

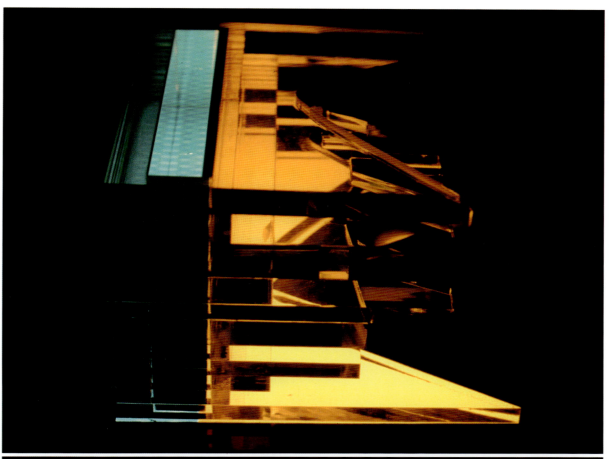
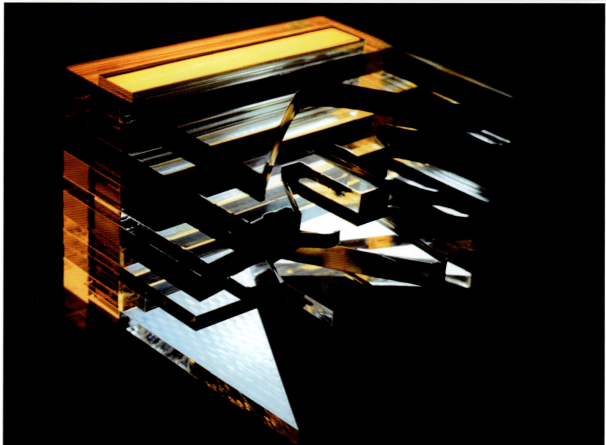

HOUSESCAPE
International competition Almeria Spain 2000

IaN+

housescape

The relationship between body-way of life, activity-landscape, controls a new kind of architecture that does not change nature but becomes a part of it, architecture as interference between smooth space and striated space.

The contamination between the two kind of spaces creates a continuous annulment, a fight where every space tries to win the other over.

We believe that designing open spaces helps to find the smooth space of a certain place, unraveling the complexity around it. Once this smooth space has been recognized, you don't separate it completely from the striated space of that place, but you try to iniciate an interference between the two of them, using a hierarchy. The smooth space organizes the striated space which itself becomes an new vision of inhabited smooth space.

Earthscape choses to strip the three sensible bodies of the elements at stake architecture, natural ecosystem, human beeing, Imaging "cities on the edge where the continuity of landascape overlaps on a continuous architecture inside the landscape and soft limits define unsteady borders which produce spaces of relationships, weakening architecture for interfacing it with the space and the natural balance".

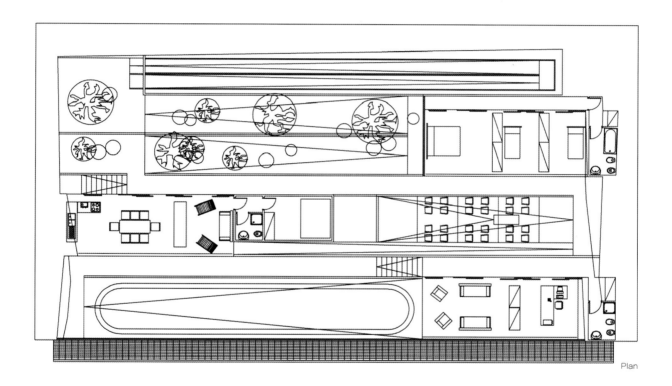
Plan

인체, 생활방식 그리고 행위-랜드스케이프간의 관계는, 자연을 바꾸지 않고, 그 일부가 되는 새로운 종류의 건축, 즉 유연한 공간과 선이 그어진 공간 사이에서 '간섭으로서의 건축'을 지배한다.

두 종류 공간 사이의 혼성작용은 지속적인 소멸과, 각각의 공간들이 다른 공간을 자기편으로 끌어들이려 하는 투쟁을 유발시킨다. 오픈 스페이스를 디자인하는 것은 특정한 장소에서 그 주변의 복합적인 성격을 풀어주면서, 유연한 공간을 찾는데 도움을 준다고 우리는 믿고 있다. 일단 이 유연한 공간이 실현되면, 당신은 유연한 공간을 그 장소 내의 선이 그어진 (영역이 확실이 나뉘어진) 공간으로부터 완벽하게 분리해내지 않고, 분류체계를 이용해서 그 둘 사이의 간섭을 시작하려고 시도한다. 유연한 공간은, 그 자체가 사람이 거주하고 있는 유연한 공간의 새로운 미래상이 되는, 선이 그어진 공간을 조직한다.

랜드스케이프의 연속성이 그 랜드스케이프 내부의 연속적인 건축과 겹쳐지고, 엄격하지 않은 경계가 불안정한 경계를 규정짓는다. 그리고, 건축을 공간 및 자연의 균형과 조화시키기 위해 그 힘을 약화시켜, 관계의 공간을 만들어내는 경계의 도시를 상상해본다. 그렇게 함으로써, 지구경관(Earthscape)은 자연력에 의해 지각이 가능한 세 개의 주요 개체인 건축, 자연생태시스템, 그리고 인간에게서 특정영역과의 어떤 종류의 관련성도 제거하기로 한다.

Architecture ⟩⟨ Landscape

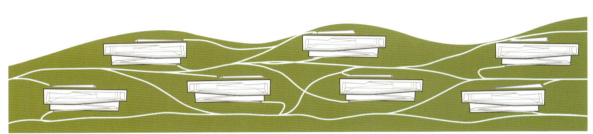
Aggregation System

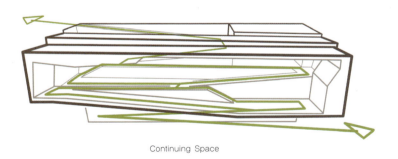
Continuing Space

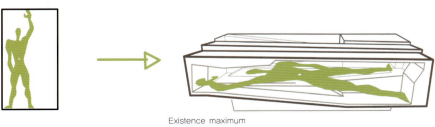
Existence maximum

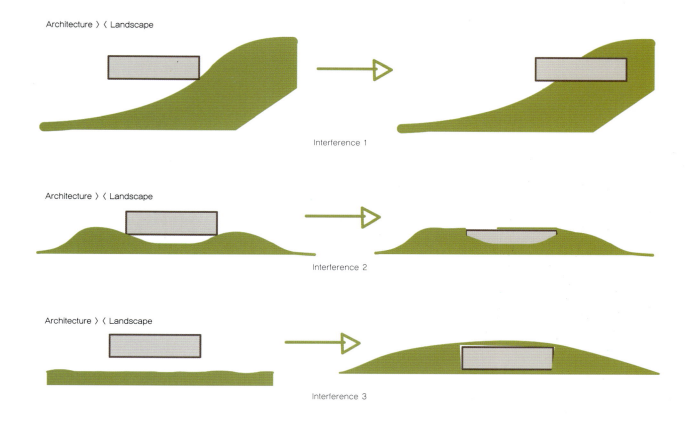

Interference 1

Interference 2

Interference 3

Inhabited landscape

The space penetrates inside the house as an extension of the territory becoming landscape.

The modern concept of housing has always tried to reduce the inner space for living to an existenz minimum. The dwelling was tailored to the man, so his activities were reduced to movements of a statical body that is forced to a relationship with architecture only through few and identically repeted gestures and ways of life.

To design a house, instead of the existenz minimum, we use an existenz maximum: an enlarged space where the body recovers completely his freedom. Inside the inhabited landscape we use technology not for squeezing the vital space but for widen it and making a place for real exchanges out of it.

That leads to think the open space of architecture and the possibilities for common people to settle a landscape over. Architects only give an enclosure where to live in, without taking care about the all activities which can be carried on inside the house. Every single inhabitant should be let free to invent always in a different way his own space for living. Dwellings will provide for space to different kind of activities according to the group they lodge: working, public and leisured activities. A new way to settle in the territory.

The envelope's geometry is like a Moebius strip with a wrapping function. The continuity between inner and outer space allows to break off the traditional references for housing in favour of an architecture on move, where continuous usable in all directions surfaces replace overlapping floors. The force of gravity will be there to organize the space for living. There will always be an upper and down part but activities will discover new relationships with inclined surfaces: the oblique function will guide new ways of life.

Houses can find different places inside the territory. Architecture will be only a fragment of nature and will create new landscapes.

Inside the context: opposite to abstratcion, the rules for urban planning are influenced by the site through its standardizeble characters. Whereas the landscape influences the type of building, that is conceived only as an enclousure, as the edge between inside and outside. Global data: it's impossible to controll single parts without a preview on their interactions, even if those parts are not always phisically connected. The global data manage virtual mutual influences and the correlation sytems between the users and the world outside.

Dialogical relationship: it's an antagonist, competing and complementary relationship at the same time. It unifies and organizes opposite notions. Order, disorder and autorganization start to interact when design follows a dialogic relationship on the territory. This kind of relation allows exchanges and meditations and makes the use of the space more balanced. Looking at the sprawl phenomenon, a dialogic relationship between the elements helps to use the composition, the nodes and the spare spaces to create a kind of architetcture which is able to turn the sprawl into a system of active development.

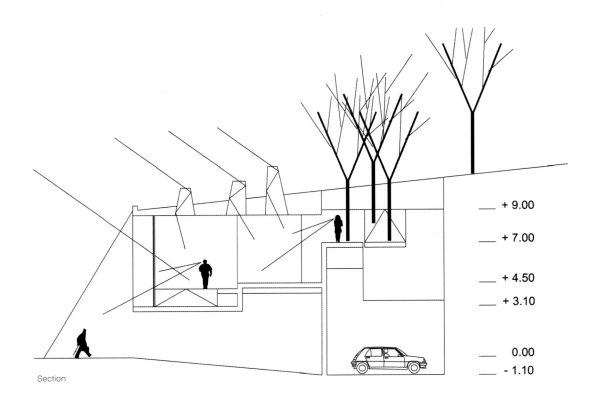
Section

+ 9.00
+ 7.00
+ 4.50
+ 3.10
0.00
− 1.10

공간은 랜드스케이프가 되는 영역의 연장으로써 집의 내부로 스며든다.
근대적 개념의 주거는 항상 생활을 위한 내부공간을 최소한도로 줄이고자 노력해왔다. 집은 인간에 맞춰서 만들어졌고, 그에 따라 인간의 행위들은 똑같이 반복되는 몸짓과 생활방식만을 통해 건축과 관계를 갖도록 정적인 신체의 움직임으로 축소되었다.
집을 디자인하기 위해, 최소한의 존재(existenz minimum) 대신, 우리는 최대한의 존재(existenz maximum) : 인체가 완벽하게 자유를 회복시키는 확대된 공간 : 라는 개념을 이용한다.
사람이 살고 있는 랜드스케이프 안에, 반드시 필요한 공간을 억지로 짜내기 위해서가 아니라, 그것을 넓히고, 실질적인 교환이 일어날 수 있는 장소로 만들어내기 위해 우리는 과학기술(techonology)을 사용한다.
이는 건축에 있어서 오픈 스페이스와, 일반적인 사람들이 랜드스케이프를 정주시킬 수 있는 가능성에 대해 생각하게 한다. 실제로, 건축가는 집 내부에서 행해질 수 있는 모든 행위들에 대해서는 신경쓰지 않고, 들어가서 살 수 있는 울타리만을 제공한다. 모든 거주자는 그만의 생활공간을 다른 방식으로 자유롭게 고안해 낼 수 있어야 한다. 주거 행위들을 담게 될 그룹에 따라 업무, 공공, 레저 등 다른 종류의 행위들을 공간에 제공한다. 이는 영역안에 정착할 수 있는 새로운 방식이다.
외피의 형상은 감싸는 기능을 갖춘 뫼비우스 띠와 유사하다. 연속적이면서 사용가능한 모든 방향의 외피들이 서로 겹쳐지는 평면들을 대체하는, 늘 움직이는 건축을 위해, 내부와 외부공간 사이의 연속성은 주거와의 전통적인 관계를 끊어버린다. 중력은 살아가기 위한 공간을 조직하기 위해 존재할 것이고, 항상 상층부와 하층부가 있겠지만, 행위들은 경사진 외피와의 새로운 관계를 발견하게 될 것이다.
비스듬한 관계 혹은 그 기능(the Oblique function)은 새로운 삶의 방식을 가르쳐줄 것이다.
집은 영역 내부에서 색다른 장소를 찾을 수 있다. 건축은 단지 자연의 한 파편이 되고, 새로운 랜드스케이프를 만들어나갈 것이다.
컨텍스트 내에서 : 추상적 개념과는 반대로, 도시계획의 관례(원칙)는 부지의 획일화된 특성에 의해 부지의 영향을 받는다. 랜드스케이프가 건물의 유형에 영향을 주는 데 반해, 건물의 유형은 내부와 외부의 경계로, 외피로서만 계획된다.
글로발 데이터(전세계에 걸친 자료) : 각각의 부분들을 그들간의 상호작용에 대한 사전검토없이 통제하기란 불가능하다. 그 부분들이 항상 물리적으로 연결이 되어 있는 것은 아닐지라도 말이다. 전세계에 걸친 광범위한 자료는 사용자들과 외부세계 사이의 실질적인 상호 영향과 상관 체계를 잘 다루고 있다.
대화의 관계 : 그것은 경쟁하는 맞상대인 동시에 상호 보완의 역할을 해주는 관계이다. 이는 상반되는 개념들을 통합하고, 체계화한다. 질서, 무질서 그리고 자가조직은 디자인이 속할 영역과 대화의 관계를 따를 때, 서로 영향을 주기 시작한다. 이런 종류의 관계는 교환과 내성을 인정하고, 공간을 보다 균형있게 이용한다. 스프롤 현상(Sprawl phenomenon)을 보면, 각 요소들간의 대화의 관계는 합성 혹은 구성을 다루는 데 도움을 준다. 그리고 결절점(node)과 여유 공간들은 스프롤 현상을 활발한 개발 체계로 바꿀 수 있는 건축을 야기시키는 데에도 일조한다.

IaN+

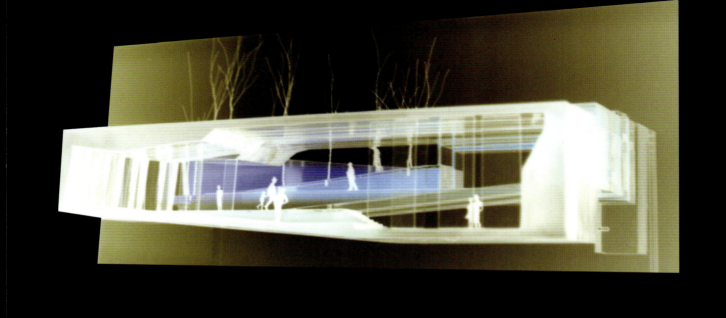
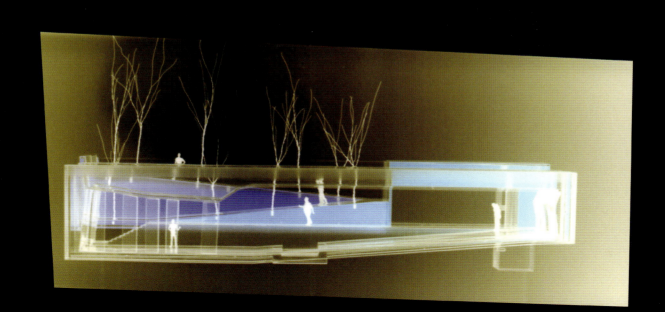

Diagrams Flow + Programs + Void

Housing Almere

Europan 5 international competition Almere Netherlands 1998

Concept

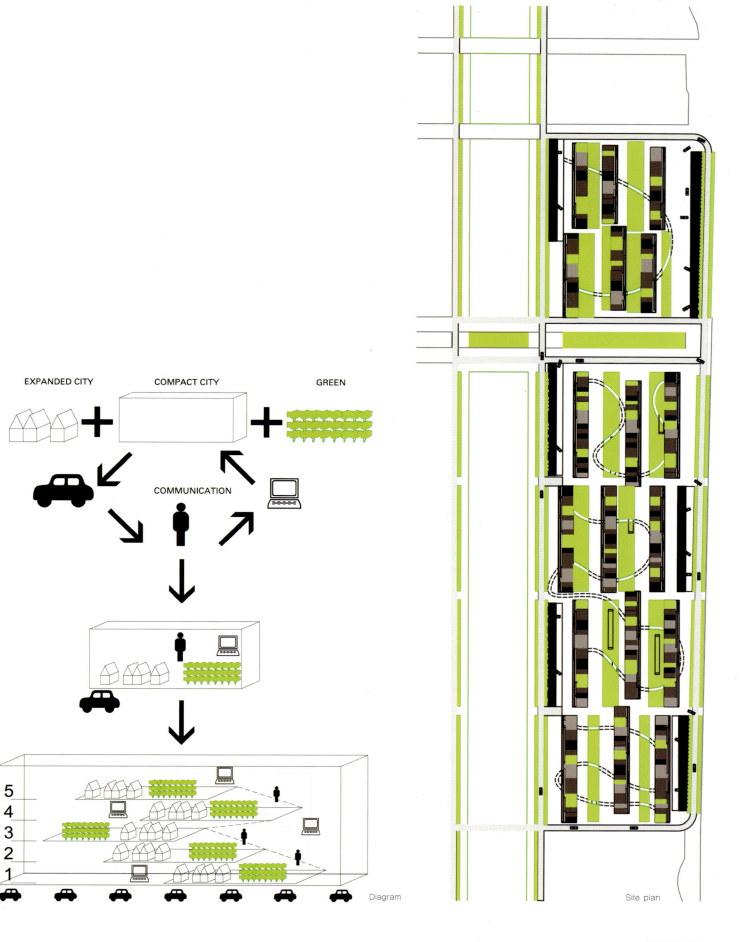

Diagram

Site plan

Plan – Section

This project seeks to redefine some of the rules which we applied to single family dwellings and other residential housing projects. It mixes low-density single family homes, each one with a own garden, with high-density housing, integrating the buildings with the landscape. Rather than separated parts appearing as a heterogeneous mixture of different typologies, the various elements are then reassembled in a 7-meter thick slab. Open landscape and gardens, and high and low density residential elements are combined within this block. The solid and void are merged one into another and are equally important. John Cage refers to the presence of silence in his compositions as the "nothing in between." This is quite important in understanding underlying issues in contemporary architecture. Void and solid have obtained the same importance! In this project, the gaps in the structure are not simply an absence in the presence of the matter, but actual force fields. These fields enable the building to blend itself with the surrounding environment and guarantee relations between the different living units. We consider it as a living system which enables us to work on the density changes and on the vertical articulation of the landscape. In lifting the landscape up into the sky, we are able to set the landscape free at the ground level.

Various levels, each with specific features, are created in this vertical landscape. Each level can be modified, freed or filled, by using changes in the density of the building and in the living unit. Various levels of private, public, semi-public and circulation systems intersect. Single family houses are separated by exterior green spaces adjacent to the homes. Home and office are brought together. Lower levels accommodate commercial and office spaces, with easy access to the city and adjacent housing in nearby blocks. The structural system of the building is the essential part of the project. Living units are composed by double height spaces with intermediate passages; the free section substitutes the free plan. Each level of the unit enjoys access to different outdoor areas: terrace, garden or courtyard, which is a natural complement of the living space.

IaN+

Main Section

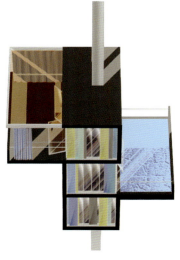

General Unit

058 ■ 059

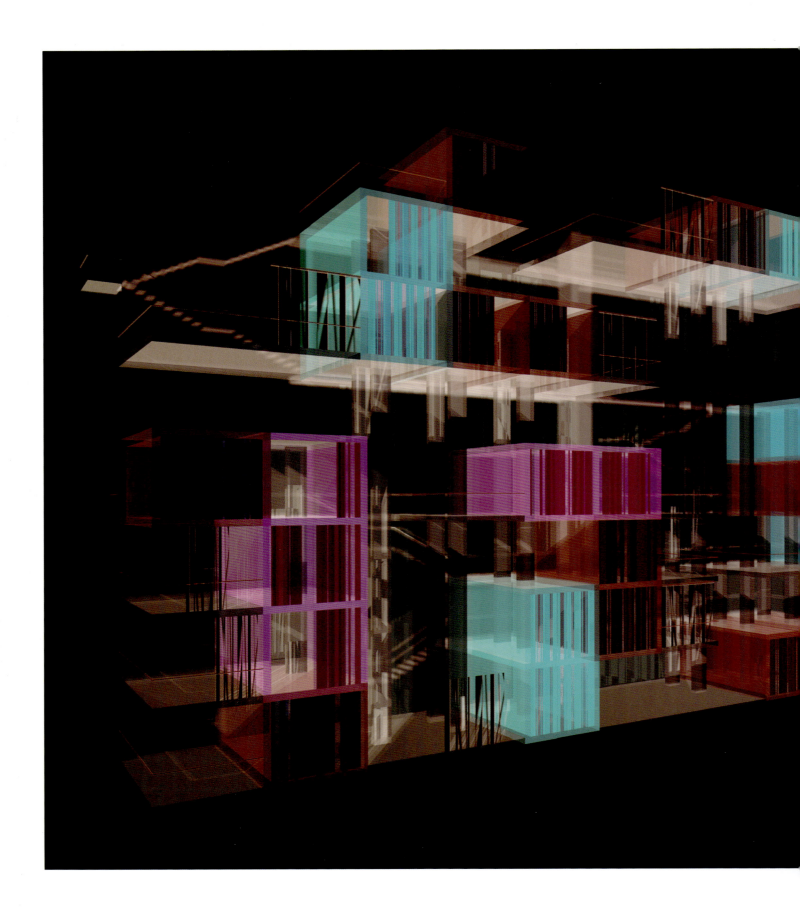

IaN+

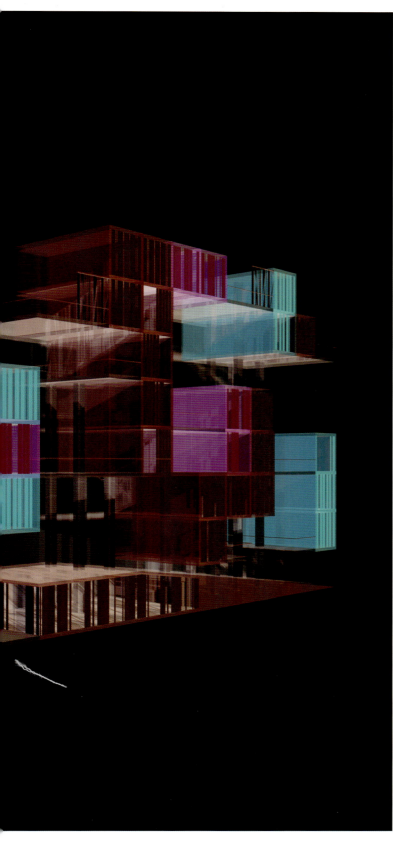

이 프로젝트는 우리가 단일가족을 위한 주거나 다른 집합주택 프로젝트에 적용했던 몇몇 규칙들에 대한 재정의를 시도한다. 이는 저밀도의 단일 가족을 위한 주거를 각각의 정원 또는 고밀도 주거들과 혼합하고, 건물을 랜드스케이프와 통합하기도 한다. 나뉘어진 부분들은 서로 다른 표상들의 혼성적 혼합체로 출현한다기보다는, 다양한 요소들이 7미터 두께의 슬래브에 재집합되어 나타난다고 할 수 있다. 열린 경관(open landscape)과 정원들, 그리고 고밀도와 저밀도의 주거 요소들이 이 블록 안에서 결합된다. 속이 채워진 것(solid)과 비워진 것(void)들은 하나로 융합되어, 똑같이 중요한 요소가 된다. John Cage는 그의 악곡에서 침묵의 존재를 사이에 위치한 '무'(nothing)라고 언급했다. 이것은 현대건축의 저변에 깔린 논쟁을 이해하는 데 있어서 상당히 중요하다. 비어있는 것과 채워져 있는 것이 같은 정도의 중요성을 얻게 되었다! 이 프로젝트에서 구조상의 틈이나 구멍은 물체의 존재라는 의미에서 단지 '부재'가 아니라, 실제적인 영향력을 가진 영역이다. 이러한 영역은 건물로 하여금 주변환경과 조화를 이룰 수 있게 하고 서로 다른 거주 유닛들 사이의 관계를 보증해 준다. 그것은 우리로 하여금 밀도변화와 랜드스케이프의 수직적 분절에 대해 작업할 수 있게 해 주는 거주 시스템이다. 그리고 랜드스케이프를 하늘까지 끌어올림으로써, 우리는 지상에서 랜드스케이프를 해방시킬 수 있다. 제각각 뚜렷한 특징을 가진 다양한 층들은 이러한 수직적 랜드스케이프 안에서 만들어진다. 각 레벨은 건물의 밀도나 거주유닛의 변화를 이용함으로써, 변경되거나, 제거되거나 혹은 채워질 수 있다. 사적인 층, 공적인 층 및 반 공공의 층들과 동선 체계는 서로 교차한다. 단일 가족 주거들은 주거공간에 인접한 외부 녹지에 의해 분리되고, 집과 사무실은 접합된다. 저층부는 도시와 근처 블록의 인접한 집들에 대해 접근이 용이하므로 상업시설 및 사무공간을 수용한다. 이 건물의 구조체계는 본 프로젝트의 가장 중요한 부분이다. 거주 유닛들은 중간에 통로를 갖춘 이중 층고의 공간들로 이루어져 있다. 자유로운 단면이 '자유로운 평면'을 대체한다. 각 레벨의 유닛은 테라스, 정원, 중정 등과 같은 다양한 외부 공간들에 대한 진입로를 가지고 있다. 그리고 이는 거주공간을 자연스럽게 보완해 주는 역할을 한다.

General View

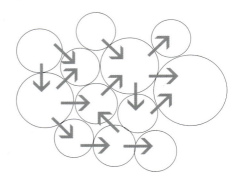  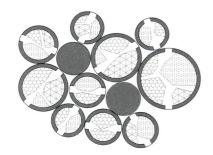

Concept: City of Void

OSAKA Central Station Area
International competition Osaka Japan 2002

One of the main objectives to develop Keihanshin region is to keep it vibrant an full of life using the urban dynamic of a big city like Osaka. Being attractive for a city means, first of all, being able to reorganize its land uses as supports for the continuous variations of society's needs. Following this principle, dismissed areas become strategic points of action, urban voids enclosed inside the compact downtown texture, like the Northern Osaka Station Area in the middle of the Kita-Ku district, can act as starting points making a big difference in the revitalization and redevelopment of the overall city. Along its borders the targeted area neighbours different urban and economic realities. The southern part, with its hotels and shopping malls, is the most developed, while the station's service area with housing. Osaka is strongly linked to water both in terms of culture and commerce. As a matter of facts water is also the favourite place for exchanges in Osaka, as witnessed by its airport, which is built on an artificial island.

The new design for the Northern Osaka Station Area answers to the common need of green spaces of a metropolitan modern city, using the landscape as a main structure of settlement and not as a space left in between the built environment. Landscape is the matter where from the urban structure is cast.

The envisioned urban structure will content urban landscape as well as natural landscape.

Elements producing a city are: inhabitants: active subjects influencing urban transformation by their flow;

society: able to start up organizative dynamics for places during the 24 hours; new ecology: a system of relationships dealing with territory and city as living systems, with their own identity and history, with their cycles of life such as birth, development and decline;

soft structure: a configuration able of self updating thanks to its capacity of transformation and evolution by the time; chaos: possibilities of choise which are ruled by casuality;

links: a connective net is layered on various levels above and under the ground and it is characterized by the flows' speed; water: a dynamic void shaping parts of the city; green areas: a building material, one of the landscape's levels able to produce a city of relationships; free time: a sum of important city's activities rather than small wasted time units, which are able to influence the formation of urban space more than productive activities can do.

IaN+

spatial concepts:

1. The void works as a system of relationships between built and natural landscape. The urban texture inside the targeted area is made of voids; the urban life takes place crossing these empty spaces; moving means to go from a void to the neighbouring. The void is a place for exchanges between city and landscape rather than the negative space of the built city, but at the same time it is an essential part for the built edges.

2. Buildings are usually located at the voids' edges, but when it's needed they can fill the empty spaces in order to accomodate special functions requiring big size containers.

3. The building is made of built and un built space, so that traditional concepts of street and square turn into the concept of fields; every building can communicate with people through the fields representing it. Fields as urban open spaces can be both privat and public areas.

4. Fields are the flexible and multifunctional part of the city, they embody its soft, changeable side; they take attractions and services, they are landscape that is not any more a discard. There can be a natural or an artificial landscape depending on the relationships with the buildings on its edges. Fields are places for tranformations and for local identities.

There can be various kind of voids: water, tematic squares, sport equipped open spaces, open-air museums, markets squares, etc.

The use of void as relational system give a chance to follow the three essenetial principles for a modern urban policy:

- to create a highly developed human communication (agora city); - to give Osaka a better city identity to face the global homologation (global city-local city) so that its citizens can feel joint ownership of the project belonging and identity; - to work on preservation and sustainability for the environment (sustainable city).

If we think that the city grows only consuming the free land, we understand how important is to define the new styles of everyday life today, which imply the selection of certain activities and consequently certain kind of spaces where they take place. So urban design has to guide both styles of life and relatated spaces towards a transformation of land uses rather than towards a consumption of available land. The proposed solution for the new development of Northern Osaka Station is an ecologic exploitation of this last remaining large-scale downtown area which is carried on by the concept that empty spaces have the same importance and value than built spaces. These voids contribute to shape the urban landscape as much as the buildings themselves.

1. crossing this area means going from an empty space to the neighbouring one;

2. the growth of density depends on the increasing width of the built edges at the perimeters of the open fields and not on the erasure of voids;

3. perimeters are made of buildings and they can be closed;

4. perimeters are made of buildings and they can be open;

5. every building has its own open field working as a part of its functional system;

6. voids are made of different fields each with a defined position;

7. the roads system follows the built edges;

8. roads cross voids;

9. urban growth is regulated by the variation of buildings' high;

10. high-rise buildings located in strategic notes provide for the centre city's high density

This conceptual development plan is an homogeneous urban structure with no hierarchies, which implies that there are no difference in the economic value of the all buildings. There are no boulevards or main squares or places with special views so that locations are all alike. The urban growth of the entire initial area (6 ha) will have an isotropic oil-stain expansion, like waves generated by a stone falling in the water.

Assuming the existing geography of urban functions along the edges of the targeted area, its new development does not design a fixed functional zooning but rather a mix of activities inside homogeneus zones with four main characters: housing, culture, business, sport & leisure.

These families of functions are distributed all over the site following the relationships with existing urban realities they are in contact with. Following this concept, there will be housing on the northern side in order to guides the development of the area around the Cargo Line; culture will be located in the area between the two stations becoming the entrance gate for Osaka; on the southern end, sport&leisure will give services to this part of the city which is already developed; the East-West axe will be the buisness spine, a very important element for the balance able to provide a financial support for the new growth of the all area. These functional distinctions between geographical zones are not a functional zooning but rather favourite directions of development for a widely varied future urban texture.

This proposal for Northern Osaka Station Area is a project of relationships which uses landscape as a mean to relate various factors. The urban structure of the built skyline is an element deeply linked to landscape so to gain richness and complexity. There is anymore no use in keeping natural and built landscape aside, but these two entities are together the urban landscape representing the complex modern city life.

Nature is not the opposite of architecture but it is turn into a building matter so that the two components of natural environment and structured city will find a way to live and link together.

Keihanshin지역을 개발하는 주목적의 하나는 이 지역을 Osaka와 같은 대도시가 가진 특유의 힘을 이용해 활기로 가득찬 모습을 보존하는 것이다. 도시에 있어서 매력적이라는 것은 무엇보다, 사회적 요구의 지속적인 변화를 지지함으로써, 토지 이용을 재정리할 수 있는 것을 의미한다.

이 원칙을 따른다면, 버려진 영역은 우리가 취하고자 하는 방책에 있어서 전략상 중요한 지점이 된다. 그리고, 조밀한 도심의 조직 내부에 놓인 도시의 보이드(Urban Void)는, 기타쿠(Kita-ku) 지구의 중심에 위치한 북오사카역 지역에서처럼, 도시 전체에 걸친 경제력 활성화와 재개발에 큰 차이를 만들어낼 출발점으로 작용할 수 있다. 우리가 목표로 하는 지역은 그 경계를 따라 서로 다른 도시 경제적 현실과 인접하게 된다. 주거 시설을 갖춘 역의 서비스 영역과 달리, 호텔과 쇼핑몰이 있는 남부는 가장 발전한 지역이다. 그리고 오사카(Osaka)는 문화와 상업이라는 양 측면에서 물과 매우 강하게 연관되어 있다. 사실상, 물은 오사카(Osaka)에서 교역을 위해 선호되는 장소이기도 하다. 이는 인공섬 위에 지어진 공항이 입증한다. 북 오사카역 지역을 위한 새 디자인 계획은, 그저 지어진 환경사이에 남겨진 공간으로서가 아닌 개척지의 주요 구조로서 랜드스케이프를 이용해서, 메트로폴리탄적인 현대도시에서의 녹지공간이라는 공통적인 요구를 충족시키고자 한다. 랜드스케이프는 도시적인 구조를 던져낼 수 있는 재료이다. 우리가 계획하는 도시 구조는 자연적 랜드스케이프 뿐 아니라 도시적 랜드스케이프도 만족시켜줄 것이다.

도시를 만들어내는 요소들 :
거주자 : 그들의 흐름으로 도시의 변형에 영향을 줄 수 있는 활동적인 주체
사회 : 24시간동안 여러 장소들을 위해 조직적이고 체계적인 동력을 움직이게 할 수 있다.
새로운 생태환경 : 고유의 독자성과 역사 및 탄생, 발달 그리고 쇠퇴와 같은 생명의 주기를 가진 살아있는 시스템으로서 도시와 영역을 다루는 관계 체계 혹은 조직
융화적인 구조 : 변형과 진화의 역량을 갖춘 덕에 스스로 갱신해나갈 수 있는 구성
혼돈 혹은 무질서 : 인과관계의 지배를 받는 선택의 가능성
연결 : 연결되는 망상조직은 지상과 지하의 여러 레벨에 층상으로 쌓이고, 흐름의 속도에 의해 특징지어진다.
물 : 도시의 부분을 형성하는 동적인 보이드(Void)
녹지 영역 : 건물의 재료로, 관계의 도시를 만들어낼 수 있는 랜드스케이프의 여러 레벨 중 하나
자유 시간 : 작은 규모로 소비되는 시간 단위이기 보다는 중요한 도시의 행위들 자체이고, 생산적인 행위들보다 도시적 공간의 형성에 더 영향을 줄 수 있다.

  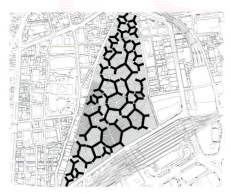 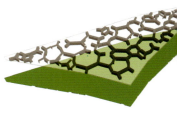

1. 보이드(Void)는 인공적으로 지어진 랜드스케이프와 자연적 랜드스케이프간의 관련 체계로서 작용하게 된다. 대상이 되는 지역 내부의 도시적 조직은 보이드(voids)들로 이뤄지고, 도시특유의 생활은 이러한 보이드들을 가로지르면서 발생하게 된다. 이동이라는 것은 하나의 보이드(void)에서 그와 인접한 것으로 옮겨가는 것을 의미한다. 보이드(void)는 지어진 도시의 소극적인 공간이라고 하기 보다는 도시와 랜드스케이프 간의 교역을 위한 장소이다. 그와 동시에 지어진 경계에 있어서 없어서는 안 되는 부분이다.
2. 건물들은 대개 보이드의 가장자리에 위치하게 되지만, 필요할 때는 거대한 크기의 컨테이너를 요하는 특별한 기능들을 담기 위해 보이드들을 채울 수도 있다.
3. 건물은 지어진 공간과 지어지지 않은 공간으로 구성된다. 전통적인 거리나 광장의 개념도 '영역'의 개념으로 전환된다. 모든 건물은 그 건물을 상징하는 영역을 통해 사람들과 이어져 있다. 도시의 오픈 스페이스로서의 영역은 사적일 수도 있고 동시에 공적인 성격을 가질 수도 있다.
4. 위에서 말한 '영역'이라 함은 도시에 있어서 융통적이고 다기능적인 부분이다. 그들은 도시의 유연하고, 가변적인 측면을 구체화시킨다. 그리고 흡인력과 서비스를 갖춘다. 더 이상 버려진 랜드스케이프가 아니다. 경계에 있는 건물들과의 관계에 의존하는 자연적 혹은 인공적 랜드스케이프가 존재할 가능성도 있다. 이는 변형과 지역의 독자성을 위한 공간이다. 다양한 종류의 보이드(void)가 존재할 수 있다. 이를 테면, 물, 테마광장, 운동을 할 수 있는 오픈 스페이스, 야외 박물관, 시장광장 등.

관련 체계로서 보이드(void)의 이용은 현대도시정책에 대한 세가지 필수적인 원칙을 따를 기회를 제공한다.
-고도로 발달된 인간들 사이의 정보교환을 야기시키기(agora city 광장 도시)
-시민들이 프로젝트에 대해 공동 소유하고 있다는 점과, 주체성을 느낄 수 있도록, 오사카(Osaka)에 전세계적인 동질화(세계도시-지역도시)에 맞서서 보다 나은 도시적 독자성을 갖게 하기
-환경의 보존과 지속가능성에 작용하기(지속가능한 도시)

우리가 만약 도시는 개방되어있는 땅을 소비할 때에만, 성장한다고 여긴다고 가정해본다. 그렇다면, 오늘날 일상생활의 새로운 방식을 정의하는 것, 즉 특정행위를 선택하는 것과, 결과적으로는 그 행위가 발생하게 되는 특정한 종류의 공간을 선택하는 것이 얼마나 중요한지를 이해하게 된다. 그러므로 도시계획은 생활방식과 관련공간을 이용 가능한 대지의 소비보다는 오히려 대지이용의 변형으로 인도해야 한다.

북오사카역의 새로운 개발에 대해 우리가 제안하는 해결방안은 이 마지막 남은 거대 규모의 도심지를 생태학적으로 개발하는 것이다. 그리고 이는 비워진 공간들이 지어진 공간과 같은 정도의 중요성과 가치를 갖는다는 개념에 의해 지속된다. 보이드들(void)은 건물 자체만큼 도시적 랜드스케이프를 형성하는데 기여한다.
1. 이 영역을 가로지르는 것은 하나의 빈 공간에서 인접한 빈 공간으로 이동하는 것을 의미한다.

   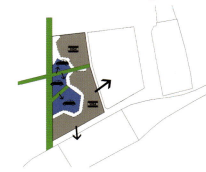

2. 밀도의 증대는 보이드(void)를 지워버린 곳이 아닌, 오픈된 영역의 경계에서 지어진 경계의 증가하는 폭에 좌우된다.
3. 경계선은 건물들로 이루어지고, 닫힐 수 있다.
4. 경계선은 건물들로 이루어지고, 열릴 수 있다.
5. 모든 건물은 기능적 시스템의 한 부분으로써, 고유의 열린 영역을 갖는다.
6. 보이드(Void)는 각각 명확히 정의된 위치를 가진 서로 다른 영역들로 구성된다.
7. 가로 체계는 지어진 경계를 따른다.
8. 가로들은 보이드(Void)를 가로지른다.
9. 도시의 성장은 건물높이의 변화에 의해 통제된다.
10. 전략적 결절점에 위치한 고층빌딩은 도심의 고밀도에 대비한다.

이같이 개념적인 개발 계획은 계층이 없는 균질한 도시적 구조를 만드는 것이고, 이는 모든 건물은 경제적 가치에 있어서 어떤 차이도 없다는 것을 내포하고 있다. 특수한 전경을 가진 대로라든지, 광대한 광장같은 것은 존재하지 않는다. 따라서 장소들은 모두 서로 비슷하다. 물 위에 던져진 돌이 그리는 파동처럼, 초기 전체 영역(6ha)으로부터의 도시적 성장은 등방성의 확장면을 가질 것이다. 우리가 목표로 하고 있는 지역의 경계를 따라 도시적 기능들이 현존하는 배치를 취한다면, 그 지역의 새로운 개발은 고정된 기능적 배치를 계획한다기 보다는, 주거, 문화, 산업, 스포츠 및 여가 라는 네 가지의 주요 특징을 갖춘 동질지역 내에서 여러 가지 행위들을 혼합시키는 것이다. 이러한 단위의 기능들은 그들이 접촉하게 될 현존하는 도시적 현실에 따라 대지 전역에 분포된다. 본 컨셉을 따라, Cargo Line 주변의 지역 개발에 대한 지표가 되기 위해 북부지역에 주거 시설이 자리잡게 될 것이다. 문화는 Osaka로 들어오는 관문이 될 두 역 사이에 위치하게 될 것이다. 남쪽 끝에는 스포츠와 여가시설이, 도시에서 이미 개발된 지역인 이 영역에 서비스를 제공하게 될 것이다. 동서를 가로지르는 축은 산업에 있어서 척추처럼, 모든 지역의 새로운 성장에 재정적 지원을 제공할 수 있는 균형의 측면에서 매우 중요한 요소이다. 지리학적 영역간의 기능적 구분은 기능에 따른 배치라기 보다는, 광범위하게 다채로운 미래의 도시 조직을 위해 선호하는 개발 경향이다. 북오사카역(Northern Osaka Station Area)지역에 대한 이 제안은 다양한 요인들을 연관시키는 수단으로써 랜드스케이프를 사용하는 관계의 프로젝트이다. 지어진 스카이라인 이라는 도시적 구조는 풍요와 복잡성을 얻어내기 위해 랜드스케이프와 깊이 연관된 요소이다. 자연적 랜드스케이프와 인공의 랜드스케이프를 따로 두는 것은 더 이상 소용이 없다. 이 두 실체들은 서로 결합하여 복잡한 현대의 도시 생활을 대표하는 도시적 랜드스케이프가 된다. 자연은 건축과 상반되는 것이 아니다. 자연환경과 건설된 도시라는 두 구성 요소들이 공존하고 관계를 맺을 수 있도록, 자연은 건물의 재료로 변할 뿐이다.

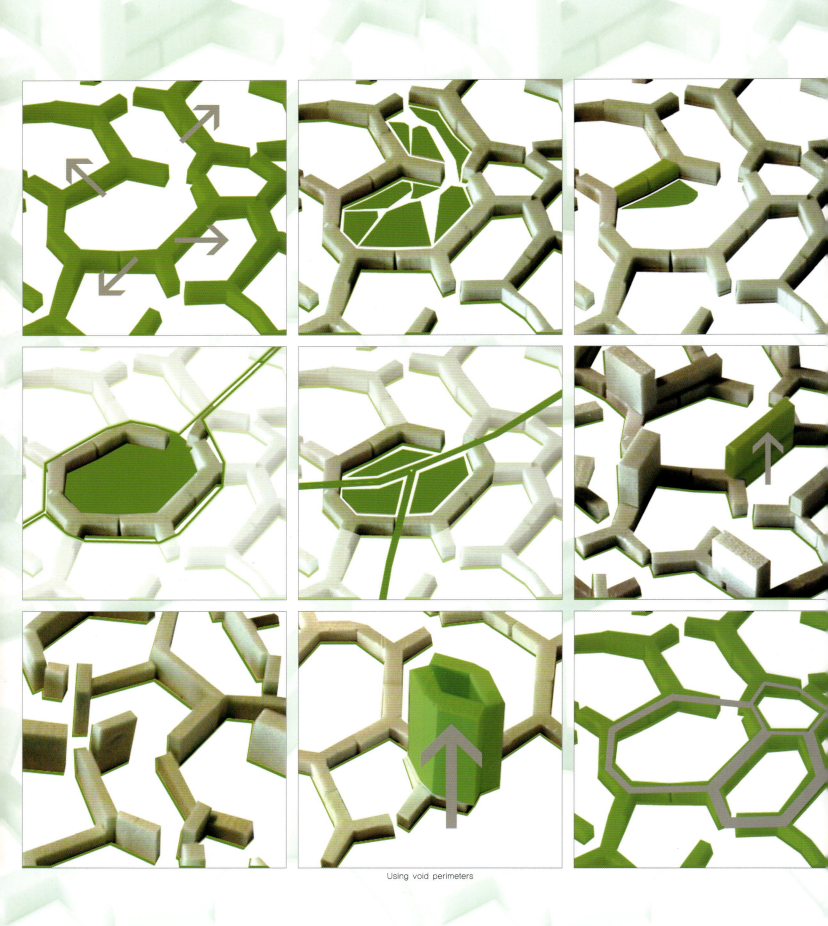

Using void perimeters

IaN+

General View

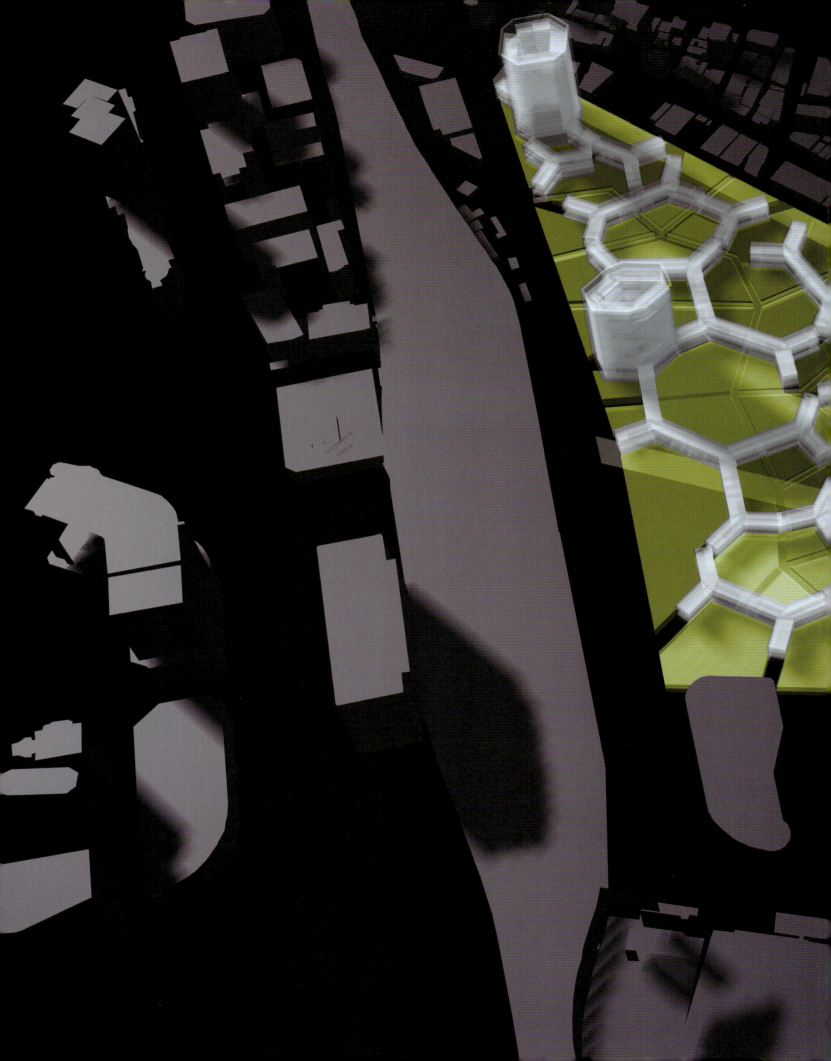

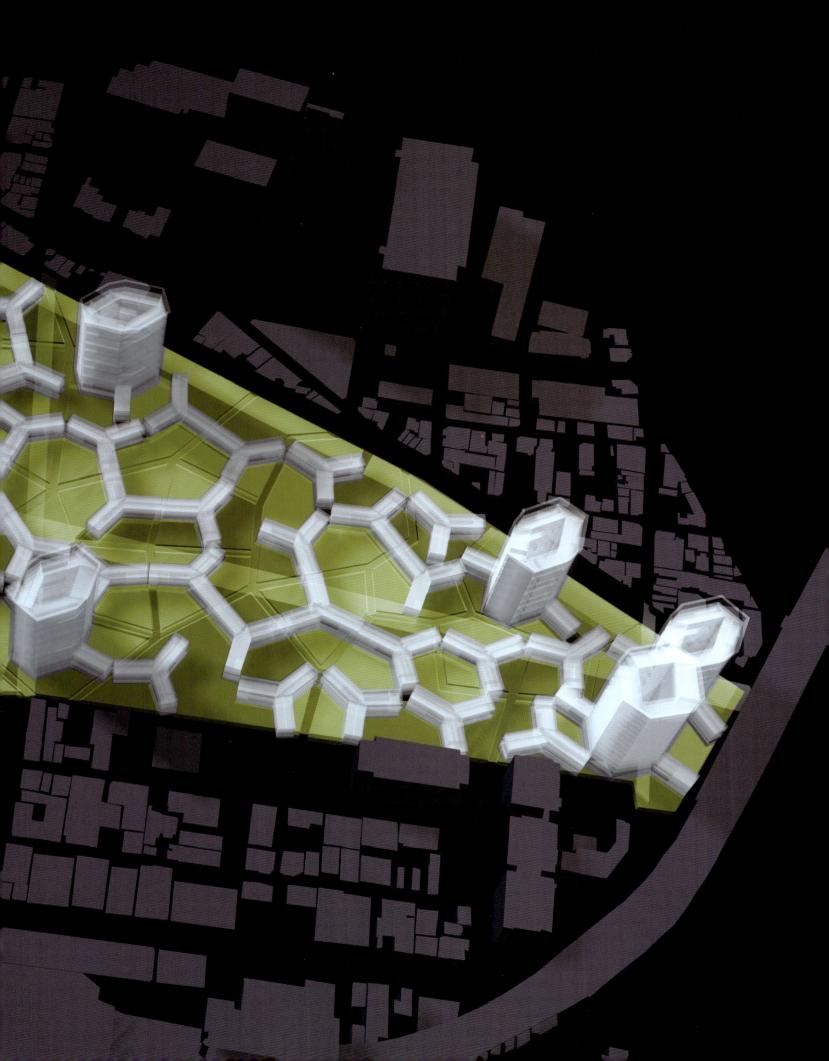

Concept

Parking Building Nuovo Salario
National competition Rome Italy 2001 First prize - construction 2006

interzone 01 RE-CONNECTING LANDSCAPE flows

IaN+

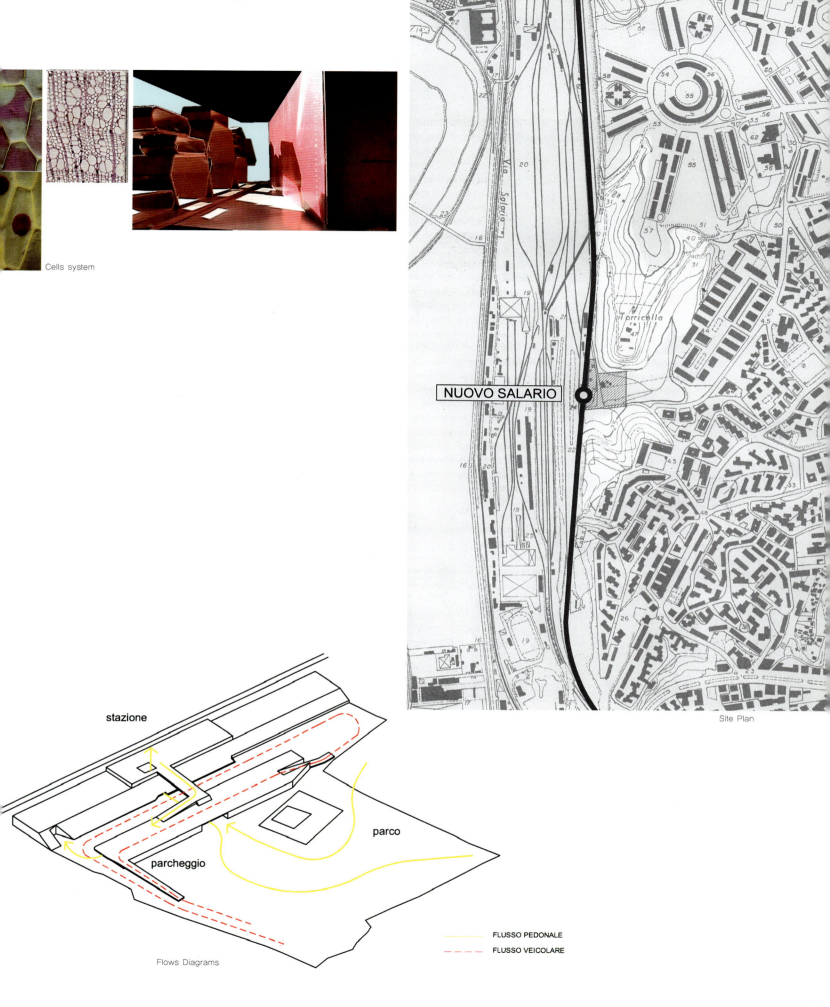

Cells system

Site Plan

stazione
parcheggio
parco

Flows Diagrams

FLUSSO PEDONALE
FLUSSO VEICOLARE

In a green area between two natural slopes, the regional railway and the residential blocks, the opportunity to design a parking area near the station gives us the chance to requalify part of the natural landscape which has remained somehow isolated inside the compact urban texture. Despite of railway and residential quarters, the site appears as the only green space of a consolidated built border. The project fulfils the functional demands of competition's notice for a parking space, but at the same time, it uses a parking building as a mean to trigger off a process of territorialization on this area. First of all, it brings new value to the context, underlining its character of being a place equipped with articulated and changeable activities, landscape identity, aesthetic quality, socioeconomic and cultural complexity. The building becomes a microinfrastructure, controlling the flows exchange between railway, parking area, green park and residential zone, protecting green areas from vehicular traffic. Since it has been conceived as a widening of the railway's bastion, it is obliged to follow its lines. On the eastern side, the parking structure works as a street's prosecution, intercepting the urban vital flows, and allowing all the functions for changes of state, such as change of speed between car, train, and pedestrians flows. The parking building creates an interface between two different environments: the natural and the artificial one, making it possible the mutual exchange through permeability and movement. Permeability is the main character of the structural facade which covers both elevations of the building. A three-dimensional facade with variable dimension formed by hexagonal hollowed blocks. The facade's voids become the system of relationship between different spaces. The roof is the prosecution of the station's main platform: a sort of terrace overlooking the park. The building sets off a gamut of relations with an action ray which involves all the surrounding areas.

IaN+

Parking Plan

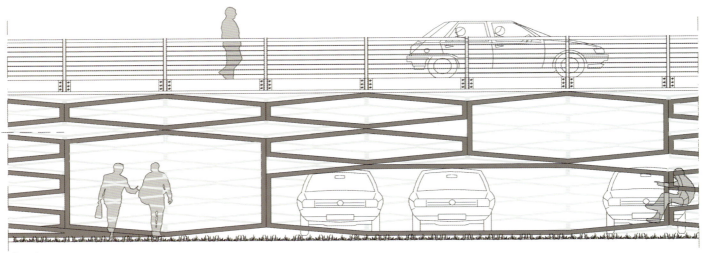
Facade

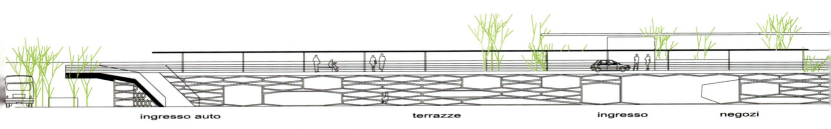
ingresso auto　　　　terrazze　　　　ingresso　　　negozi

본 프로젝트는 지방철도와 주거지구가 만들어내는 두 자연경사지 사이의 녹지에, 역에 인접한 주차구역을 디자인하는 것이다. 이는 조밀한 도시적 구조에서 다소 고립된 채로 남아있던 자연적 랜드스케이프를 재검증 해볼 기회를 준다. 철도와 주거지역이 있음에도 불구하고, 부지는 강화된 경계를 가진 녹지 공간으로만 보일 뿐이다. 이 프로젝트는 공모전이 통지한 주차 공간에 대한 기능적 요구를 충족시키는 동시에, 주차 빌딩을 부지에서 영역화의 진행을 유발시키는 도구로 사용한다. 우선, 유기적으로 엮어 있으면서도 가변적인 행위들, 랜드스케이프가 갖는 독자성, 미적 자질, 사회경제적 그리고 문화적인 복합성을 두루 갖춘 장소서의 특성을 기반으로 하여, 주변의 컨텍스트에 새로운 가치를 부여한다. 건물은 차량 등의 통행으로부터 녹지를 보호하고, 철로, 주차구역, 녹지공원 그리고 주거지역간의 흐름을 통제하면서, 하나의 기반 구조(infrastructure)가 된다. 또한, 철로의 요새를 넓히기 위한 것으로 계획되었기 때문에, 철로의 선을 따를 수밖에 없다. 동측면에서, 주차 빌딩은 도시의 살아있는 흐름에 끼어 들고, 자동차, 기차 그리고 보행자들간 속도 변화와 같은 상태변화를 지원해주는 모든 기능들을 허용하여, 마치 거리의 검찰관처럼 기능한다. 주차 빌딩은 투과와 이동을 통해 상호교환을 가능케 하면서, 서로 다른 두 환경, 즉 자연적이고 인공적인 것들 사이의 공유영역을 만들어낸다. 투과성은 건물의 두 입면을 감싸는 입면의 주요 특징이다. 6각형으로 형태가 이루어진 가변적인 영역을 가진 3차원 입면은 블럭들을 텅 비웠다. 입면의 보이드는 서로 다른 공간들 사이의 관계 시스템이 된다. 지붕은 공원을 내려다보는 일종의 테라스로, 역의 주요 플랫폼 역할을 한다. 건물은 모든 주변지역에 영향을 미치는 움직임의 선들을 이용해, 전범위에 걸친 관계들을 유발시킨다.

IaN+

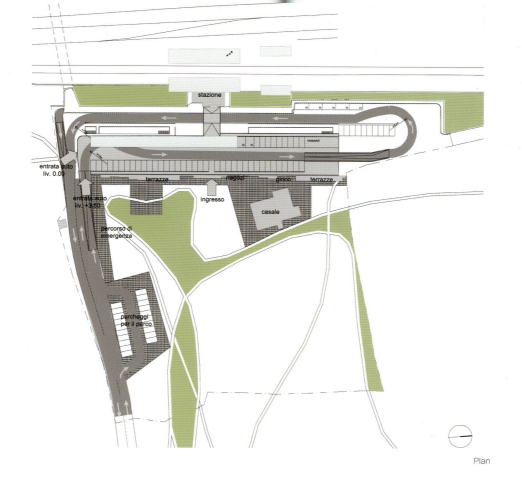

Plan

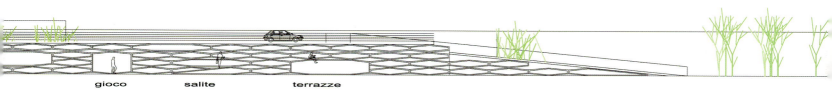

Elevation

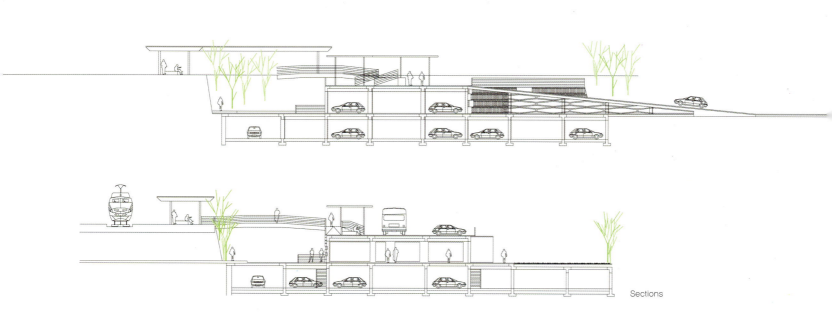

Sections

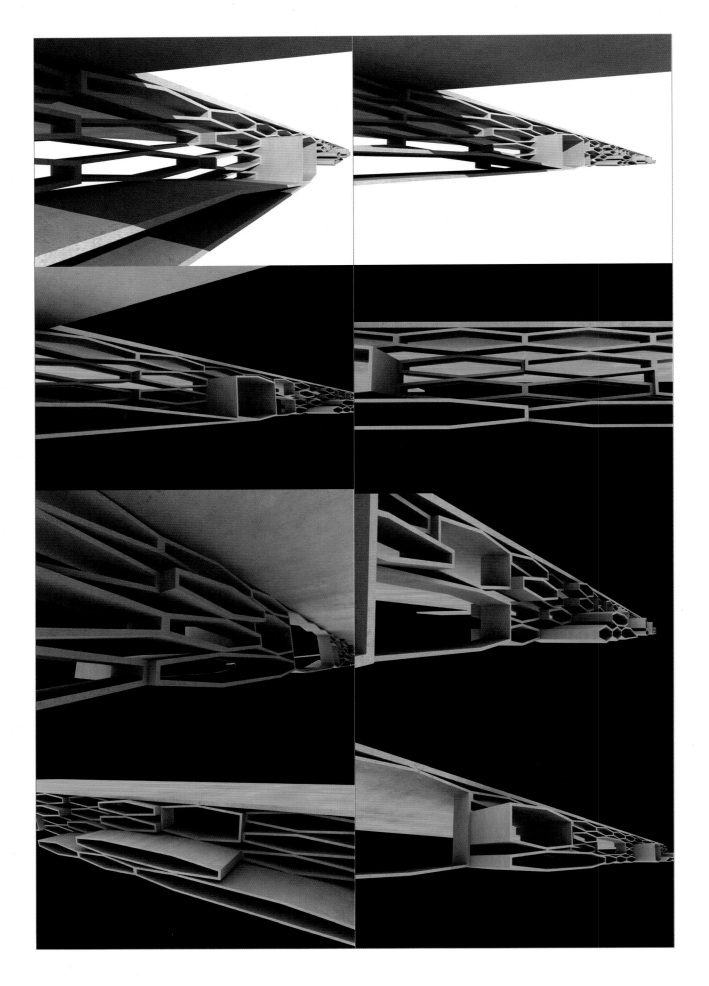

IaN+

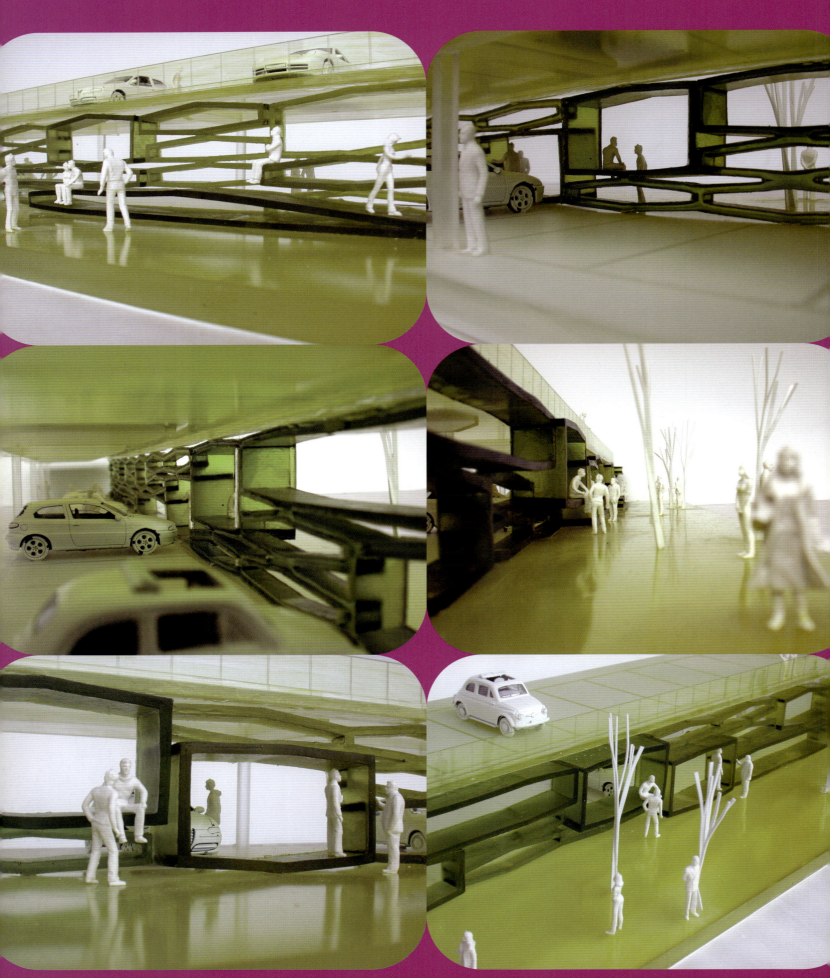

IaN+

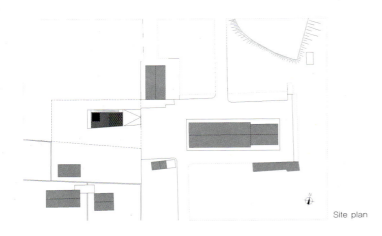
Site plan

Torvergata Laboratories
Roma Italy build 2004

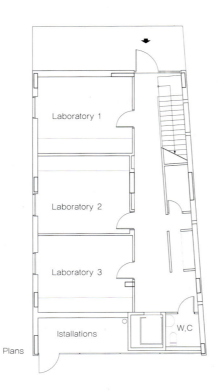

Plans

DD IaN+

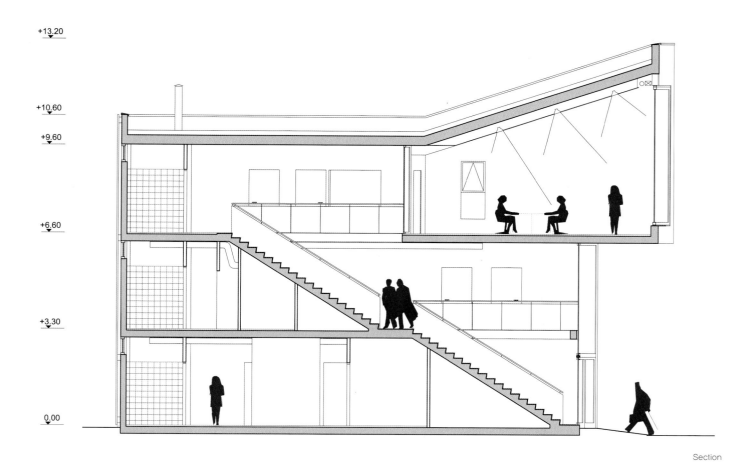

Section

This building, three storeys high, is a functional completion of the Hydrobiological Campus of the second university of Rome, Tor Vergata.

This side of the Campus is an independent structure which, for its specific issues, has been settled on the edge between countryside and town. This way, it has been possible to exploit open green spaces, such as the large lawn facing the centre plaza of the station, where new buildings for the laboratories are to be seen.

Despite the reduced dimensions, our intervention aims to be a seminal element to trigger a dynamism of events, potentially promoters of the transformation.

Abstracted from the context, the building of laboratories rejects mimesis, analogy or building typology, looking rather for materic texture relations with a given context, urban as well as natural, where it seems to have occurred casually.

It is not the research of external references to define the volumes' articulation of the building, while it is rather a process, starting from the dimensions and the simple form of the nearby barns, adapting it to the work environments devoted to the research, to the rationalization of the facilities, to the optimization of the internal spaces, according to a view of a rigid economy of cubature as well as of the costs. A continuous staircase connects all the stores, by following the southern pierced wall.

The glass projection in the meeting room protects the entrance space, by propelling toward the undefined space of a square, where the building itself becomes a new essential boundary.

IaN+

Building under construction

3층 높이의 이 건물은 로마의 제 2대학인 Tor Vergata의 수생 생물학 캠퍼스를 기능적으로 완결시킨 것이다. 캠퍼스의 이러한 측면은 그만의 특수한 논점으로 인해 시골과 도시 사이의 경계에 놓여지고, 자체로서 독립적인 구조물이다. 이러한 방식으로, 연구소를 위한 새로운 건물들이 보이는, 역의 중앙광장을 마주하고 있는 거대한 잔디밭과 같은 공개 녹지를 개발하는 것이 가능했다. 축소된 면적에도 불구하고, 우리의 개입은 사건들, 잠재적으로는 변형을 증진시키는 요소로서의 원동력을 유발시키는, 발전 가능성이 있는 요소가 되는 것을 목표로 삼는다.

주변환경으로부터 추출되어, 연구소 건물은 주어진 환경과의 모체 조직적 관련을 찾으면서, 모사, 분석 혹은 건물의 유형학을 거부한다. 이 모체 조직적 관련은 자연적일 뿐 아니라 도시적인 면에서 마치 우연히 발생한 것처럼 보인다.

이는 건물 입체감의 명료한 표현을 정의 내리기 위한 외적 관계들을 연구하는 것이 아니다. 오히려, 근처의 헛간과 같은 건물 규모의 단순한 형태에서 시작해서, 비용 뿐 아니라 용적의 엄격한 경제학적 관점에 따라, 연구와 시설들의 합리화, 내부공간의 최적화에 기여할 수 있는 작업환경에 적용시키는 것이다. 연속적인 계단실은 남쪽에서 관통한 벽에 이어서, 모든 상점들을 연결한다. 회의실의 유리 돌출부는 광장 내 불확정의 공간으로 나아가면서 입구 공간을 표현하고, 거기서 건물 자체가 새로운 본질적 경계가 된다.

Concept

European central bank
International competition - invited team at second round - 2003

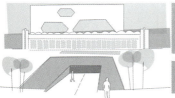
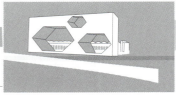
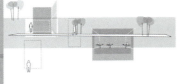

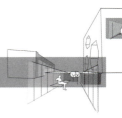

City Concept

DD IaN+

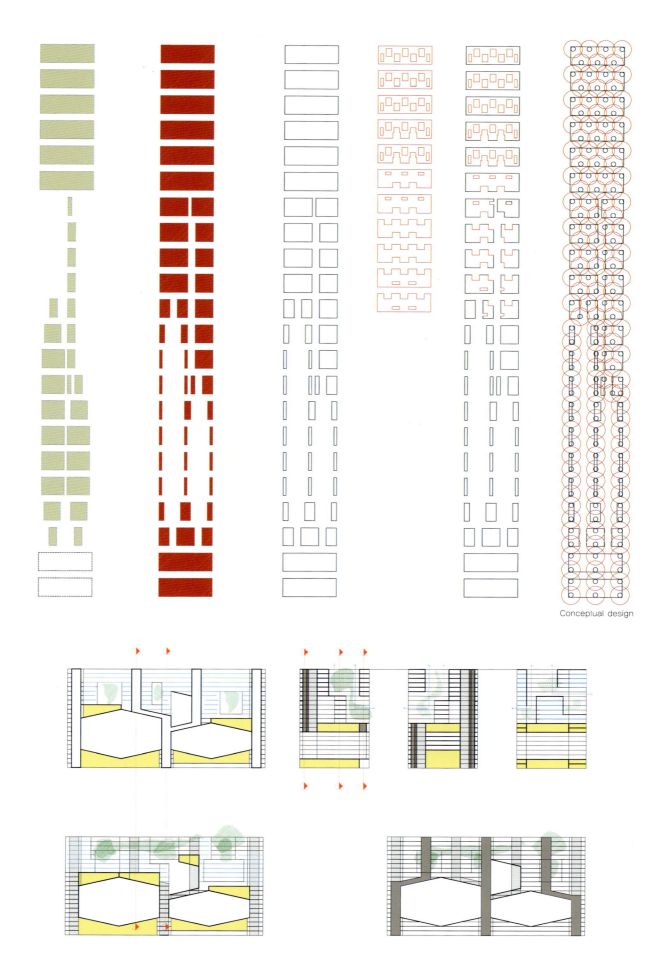
Conceptual design

084 085

The contact between the building system of the new ECB site and the town is made possible trough two main plazas; one plaza, enclosed within the area, is covered by water. Pedestrian and vehicular traffic are channelled under this monumental water plaza, hosting the memorial site. The main building will be developed along the river side, in order to preserve the sight of the Grossmarkthall form the town.

The other plaza, external, will be running along the Sonnemannstrasse.

Building systems

The Grossmarkthalle is organized into three parallel strips containing both public and semi-public activities.

One strip links the existing building to the new one and the office system will be developed around patios.

The main building, located on the riverside, is a composition of two thin structures, separated by a central void, visually connected to the city in a dynamic way. This objective is achieved without destroying the historical relationship between the city and the Grossmarkthalle.

According to this scheme, there is an equal hierarchy between solids and voids. The holes (voids) opening on the buildings are intended to become a place for visual contact between the town and working spaces, within the main building.

The arrangement of each building is designed to take advantage of natural phenomenon.

The main building is aligned to seasonal wind flows, and offers different views on the river and the town.

The relationship between the Grossmarkthalle and the surroundings is preserved by these voids present in the main structure.

Physical connection between old and new buildings is provided by a three level living platform.

The main complex is located on the south edge of the site next to the river.

1 Urban Concept   Public Green   Private Green   Buildings

Workplace environment

There are two main workplace types: the box and the open office, each one organized around a particular landscape. The relationship between work and environment is in constant integration and inversion. The horizontal platform is organized around external patios, while the space inside the main building is organized around a vertical void system.

Both these systems follow the same aim: to bring light and natural environment deep into internal space.

Workplace quality

Each workplace is integrated into the landscape with semi-private green areas. Additionally, there are strong visual connections to the city and the surrounding riverfront from the high rise.

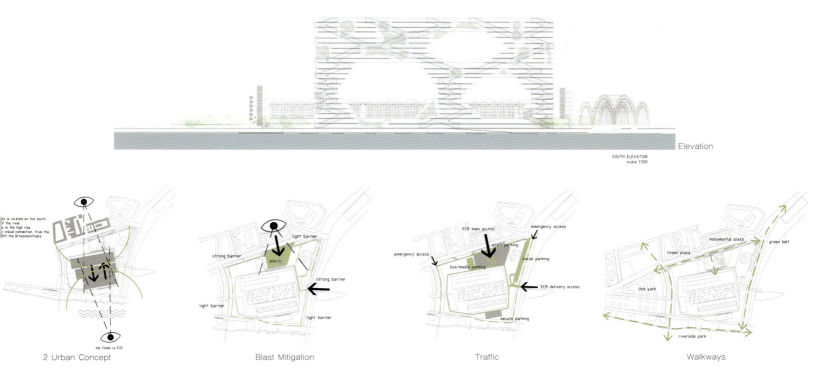

Preliminary Solutions

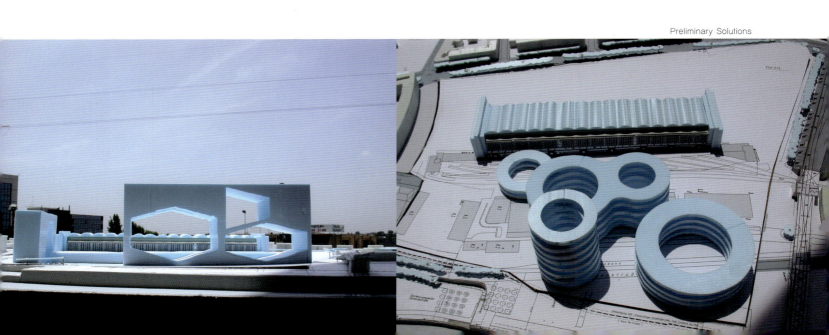

Plans

Main Section

IaN+

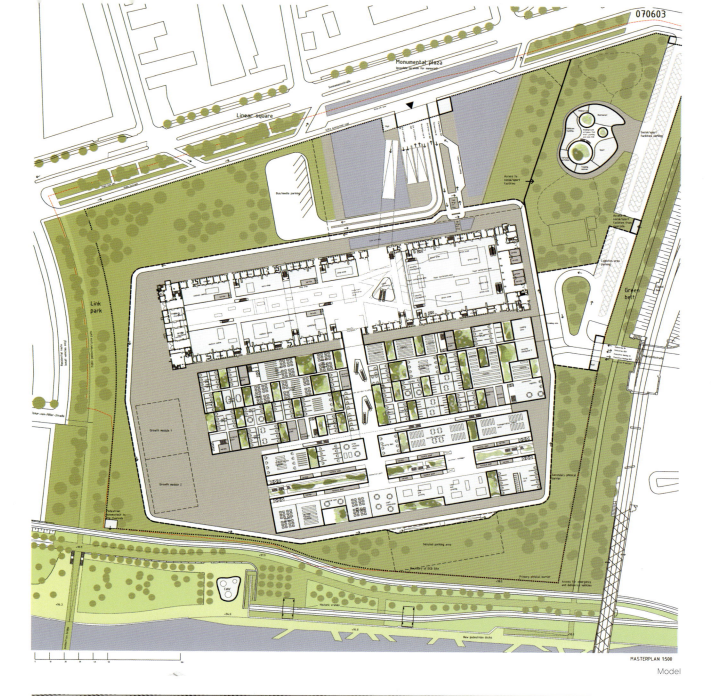

MASTERPLAN 1:500

Model

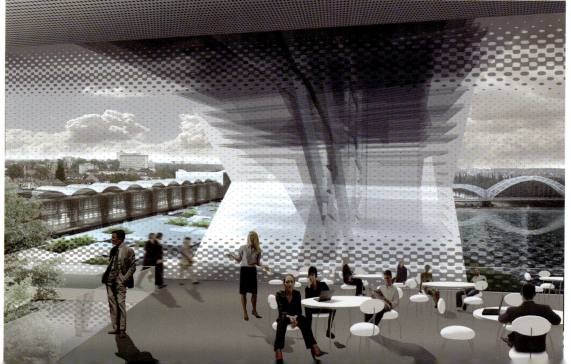

새로운 유럽중앙은행 부지의 건물 시스템과 도시 사이의 접촉은 두 개의 주 광장을 통합으로써 가능해진다.

둘 중 하나의 광장은 영역 내에 놓여 있고, 물로 덮여 있다. 보행자와 차량의 교통은 기념적인 부지를 담고서, 기념비적인 수광장 아래로 흐르게 된다. 주 건물은 강변을 따라 개발될 것이고, 이는 도시로부터 바라보이는 Grossmarkthall의 경관을 보존하기 위함이다. 또 다른 광장은 외부에 위치하는데, Sonnemannstrasse를 따라 펼쳐질 것이다.

Building systems

Grossmarkthall 은 공적이고, 또 어느 정도 공적인 성격을 가지고 있는 행위를 모두 담고 있는 세 개의 평행한 좁고 긴 조각으로 구성된다. 그 중 하나의 긴 조각은 현존하는 건물을 새 건물과 연결시키고, 사무실을 위한 시스템은 내부 중정 주변으로 전개될 것이다. 강변에 위치한 주 건물은 동적인 방식으로 도시와 시각적으로 연결되고, 중앙 보이드에 의해 분리된 두개의 얇은 구조물의 조합이기도 하다. 이는 도시와 Grossmarkthall 간의 역사적 관계를 파괴하지 않고도 이뤄진다. 이 계획에 따르면, 채워진 공간과 비워진 공간 사이에는 동등한 위계가 존재한다.

건물상의 보이드는 주 건물 내부에서, 도시와 업무공간 사이의 시각적 접촉을 위한 공간이 되기 위해 의도된 것이다.

또한, 각 건물의 배치는 자연현상을 이용하려는 목적을 가지고 있다. 주 건물은 계절풍의 흐름에 맞추어 정렬되고, 강과 도시에 대한 다양한 조망을 제공한다. Grossmarkthall과 그 주변의 관계는 주 건물내에 존재하는 보이드들에 의해 유지된다. 구건물과 신건물들 간의 물리적인 연결은 세개의 레벨로 된 플랫폼이 제공한다. 주요 건물들의 집합체는 강과 이웃한 부지의 남쪽 가장자리에 자리잡고 있다.

Workplace environment

두개의 주요 업무공간 유형이 존재하는데, 바로 박스와 열린 사무실이다. 각각은 특정한 랜드스케이프를 둘러싸고 구성된다. 업무와 환경간의 관계는 계속적인 통합과 자리바꾸기라고 할 수 있다. 수평 플랫폼은 외부 마당을 둘러싸고 계획되고, 반면에 건물 내부의 공간은 수직적 보이드 시스템을 둘러싸고 계획된다. 이 두 시스템 모두 자연광과 자연환경을 내부공간 깊숙히 끌어오고자 하는 공통된 목표를 갖는다.

Workplace quality

각각의 업무공간은 어느 정도 사적인 녹지공간을 갖추어 랜드스케이프와 하나가 된다. 덧붙여, 고층 건물로부터 도시와 주위 강변지대로의 강력한 시각적 연결이 존재한다.

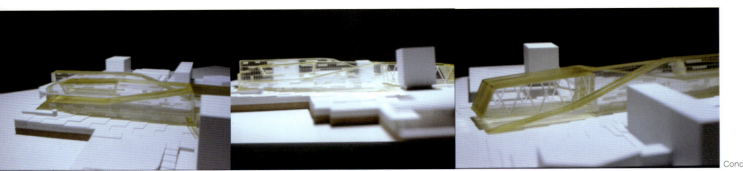
Concept

Darmastadt congress centre
International competition Darmastadt Germany 2001 second round

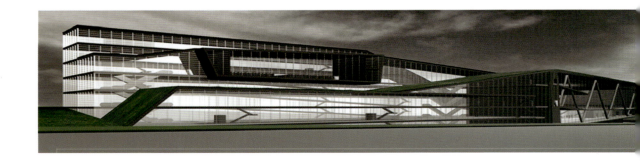

DD IaN+

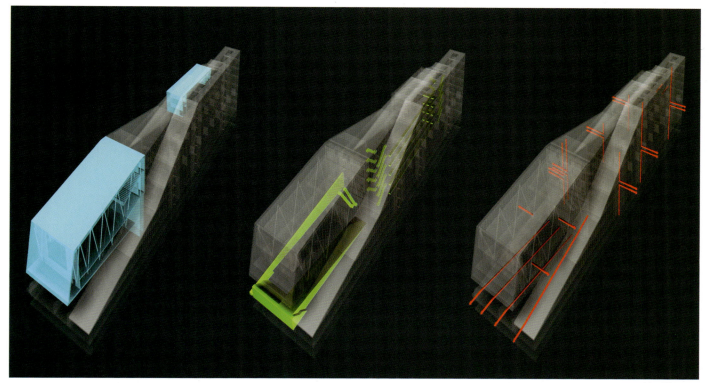

Use Diagrams

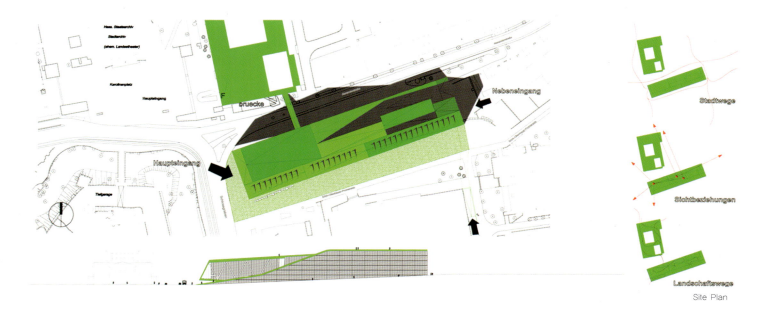

Site Plan

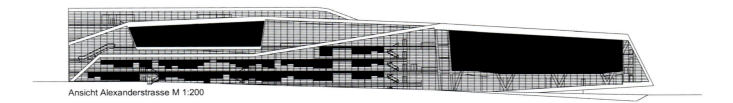

Ansicht Alexanderstrasse M 1:200

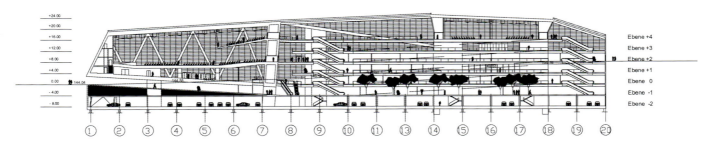

Elevation

The building is composed by three very close parts which are not organized by a connective pattern, but by transparent vertical gaps, crossed by the light. These three parts keep in constant touch with the outdoor surrounding through a continuous facade system, underlining the building section. The overall form is then the result of internal functional organization, of lighting issues, of possibilities to set a visual contact with the outside context, and to interact with the users. The building rises up from the ground, becoming a feature of landscape. The green roof garden keeps continuity to the green areas around the congress centre. Even if this building has a huge and compact mass, the variation of its height on the ground makes it open and light. On the western side at the ground level there is the access to the foyer of the big conference hall. Actually, this is the main entrance to the building and it is dug 4 mt into the ground under street level, shaping a covered square with the big hall floating on top. From -4,00 level, the hall at 0,00 can be reached through the foyer that is linked to all floors. So, the big hall has accesses on various levels: on the ground level - where the services and the front desk are located ; on the +8,00 level, where there is a direct connection with the existing AudiMax; and on the balcony level (+16,00). If necessity arises, the balcony can work independently. On the eastern side on +8,00 level there is the entrance to the huge longitudinal gallery for the distribution of internal flows. This gallery reaches the conference hall on the other side of the building, and it is also connected to the pedestrian bridge leading to the AudiMax on the other side of the street. On both northern and southern sides of the inner gallery, the office blocks are distributed. On the North there is the Media Centre with seminar rooms, small conference halls and big sized offices; while on the opposite side it is concentrated the GMD and its offices. On +16,00 level another main conference hall stands on top of the gallery's central part. This second hall can be divided in two smaller ones. The southern upper level +24,00 hosts a panoramic restaurant/cantine with the possibility to use the highest terrace of the building. The continuous roof garden offers anyhow interesting overviews, such as the small park on the western side. It is even very important for safety reasons since it allows to have several emergency exits on the various levels.

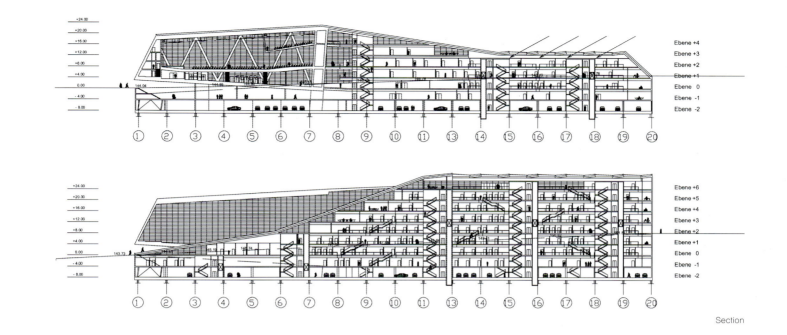

Section

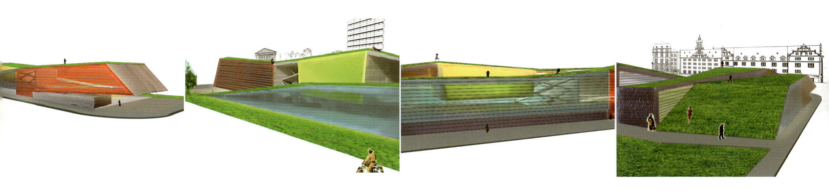

건물은 매우 인접한 세 부분으로 구성되어 있는데, 그 부분들은 연결된 패턴이 아닌, 투명한 수직적 공극들로 조직되어 있다. 그리고 이 세 부분은 건물 단면의 기초가 되는 연속적인 입면 체계를 통해 건물 밖의 주변환경과 지속적으로 접촉한다. 건물의 전체적 형태는 내부 기능의 조직, 조명의 방출, 외부 컨텍스트와의 시각적 접촉을 만들어낼 수 있는 가능성들 그리고 사용자와의 상호작용에 따른 결과물이다. 건물은 랜드스케이프상의 한 지형이 되면서 땅에서부터 솟아오르고, 잔디로 덮인 옥상정원은 congress center 주변의 녹지와 연결된다. 이 건물이 거대하고, 조밀한 매스이긴 하지만, 지면에서의 건물 높이 변화는 건물을 오픈시키고, 가볍게 만들어준다. 지면 레벨의 서쪽 측면에는 거대한 컨퍼런스 홀의 로비로 가는 진입로가 있다. 실제로 이것이 건물의 주요 입구이고, 꼭대기에 떠 있는 거대한 홀로 뒤덮인 광장을 형성하면서 가로보다 4m정도 낮게 파여 있다. 모든 층과 연결되어 있는 로비를 통해, -4 레벨에서 0 레벨의 홀까지 도달할 수 있다. 이 대형홀에서는 서비스와 프론트 데스크가 위치한 지상 레벨, 현존하는 AudiMax로의 직통로가 있는 +8 레벨, 그리고 발코니가 있는 +16 레벨 등 다양한 레벨로의 접근이 가능하다. 필요할 경우, 발코니는 독립적으로 기능할 수도 있다. 동측면의 +8 레벨에는 내부의 움직임을 고루 분포하기 위한 ,세로로 매우 긴 형태의 갤러리 입구가 있다. 이 갤러리는 건물 반대편의 컨퍼런스 홀까지 연결되고, 가로 반대편의 AudiMax로 가는 보행자 브릿지(다리)와도 연결된다. 갤러리 내부의 북측과 남측 양쪽에 사무실 블록이 배치된다. 북쪽에는 세미나실과 소형 컨퍼런스 홀 그리고 대형 사무실을 갖춘 미디어 센터가 있다. 반대편에는 GMD와 그 사무실들이 모여 있다. +16 레벨에는 또 다른 컨퍼런스 홀이 갤러리 중심부 꼭대기에 위치한다. 이 컨퍼런스 홀은 두 개의 작은 홀들로 나뉠 수도 있다. 남쪽의 상위 레벨인 +24 레벨은, 건물의 최상위층을 사용할 가능성도 있는 파노라마식 레스토랑 및 바를 포함한다. 연속적인 형태의 옥상 정원은 서쪽편의 소규모 공원처럼 흥미로운 경관을 제공한다. 또한, 그것은 다양한 레벨에서 몇몇 비상구를 구비할 수 있게 해주기 때문에, 안전상의 이유에서도 매우 중요하다.

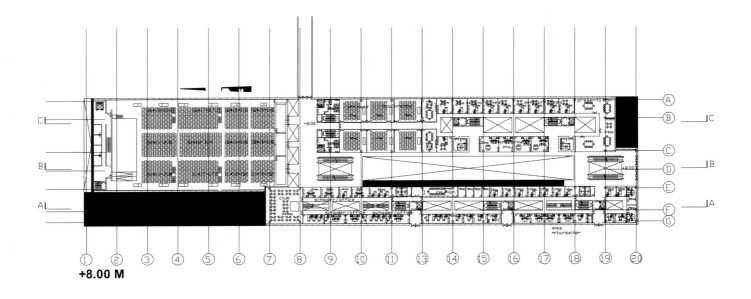

+8.00 M

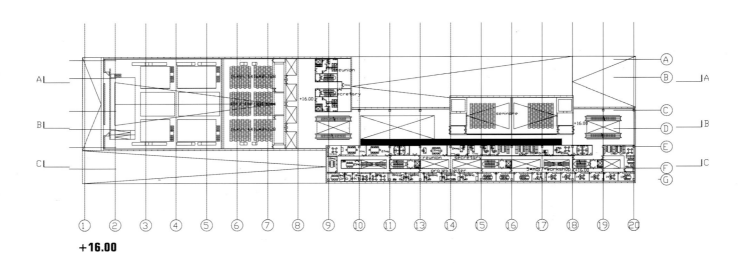

+16.00

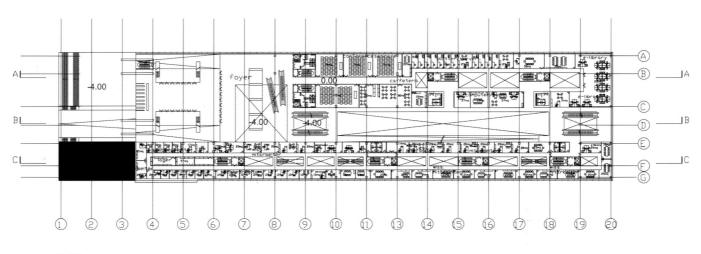

0.00 m

Plans

IaN+

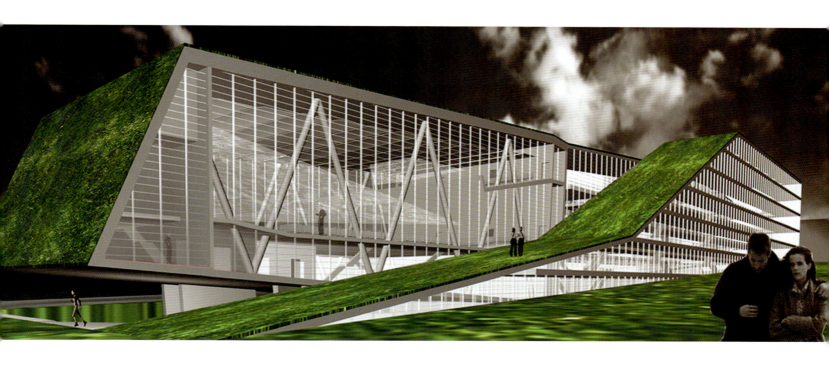
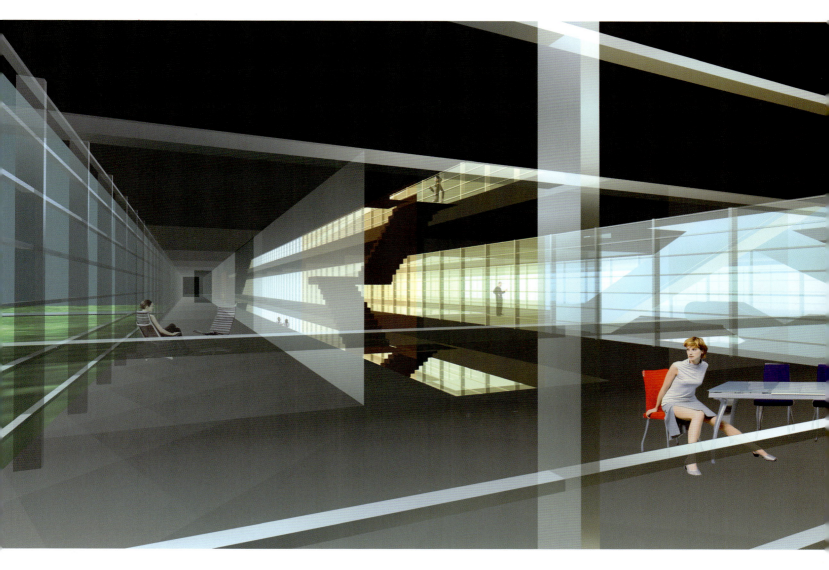

096 097

Concept

New Tomihiro Museum
International competition Azuma village Japan 2002

Site plan

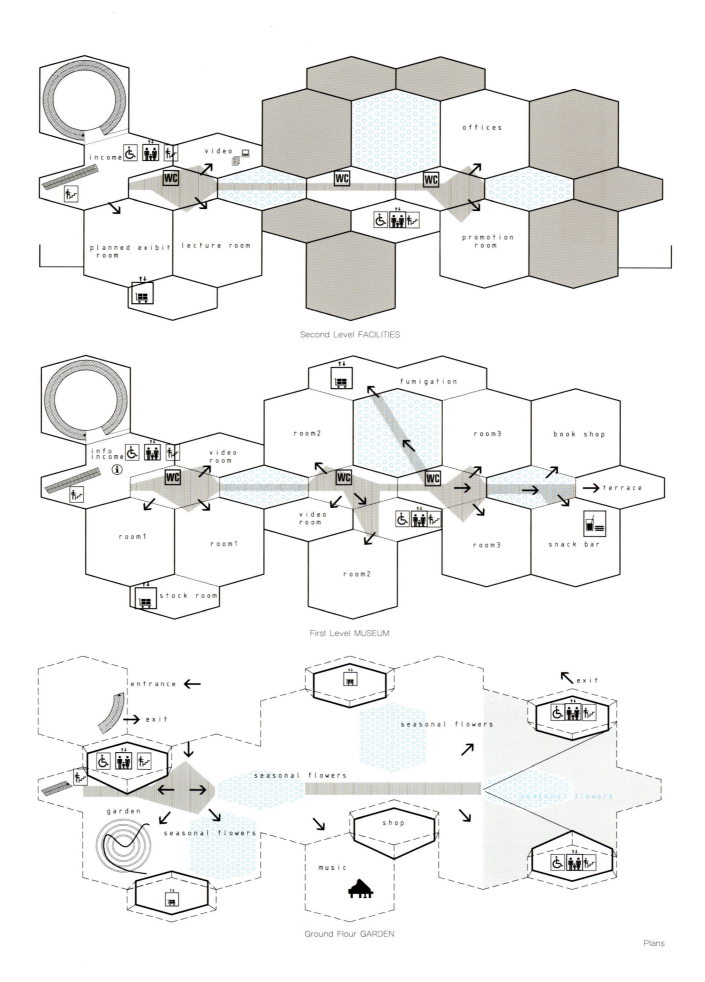

Second Level FACILITIES

First Level MUSEUM

Ground Flour GARDEN

Plans

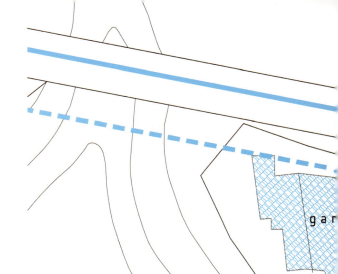

The museum is the result of a synthesis between three elements: museum, nature and work of art.

The transparency of Mr Hoshino's paintings and the powerful landscape they represent are the basic elements to take into account.

A glass prism beehive with cells of different dimensions hosts museum's halls.

These glass bricks filter the light of the natural landscape around the Azuma village, the main subject of Hoshino's work.

Light is able to give meaning to time going by and to the changing of the seasons. The empty space under the building is a very important part for the museum. The museum area is suspended over gardens putting the visitors in contact with the surrounding landscape, before they start their way through the exhibition, which is entirely organized on one only level.

The halls provided with glass brick walls create a sense of unity between poems and outside scenery.

A flight leads inside the museum in order to ease the visitors' ways.

In the halls there are resting areas and patios, floating on the gardens below which are decorated with season's flowers. There are halls of two sizes: the bigger ones allow visitors to contemplate single works at their leisure; the smaller ones host videos, photographs, written works and various items.

The second floor, upon the access area, Is devoted to special functions. A room to study the SHI-GA works, a conference room, offices and works' archives with a small library.

At the end of the museum's promenade there is the service area with a bar, bookshops, an exhibition area for children's works and promotional stands.

All storages and installations are located in the underground level.

The honeycomb structure allows the museum to grow, according to future necessities till an entirely available area will be settled.

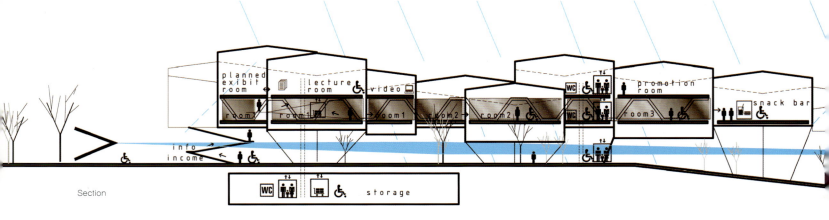

Section

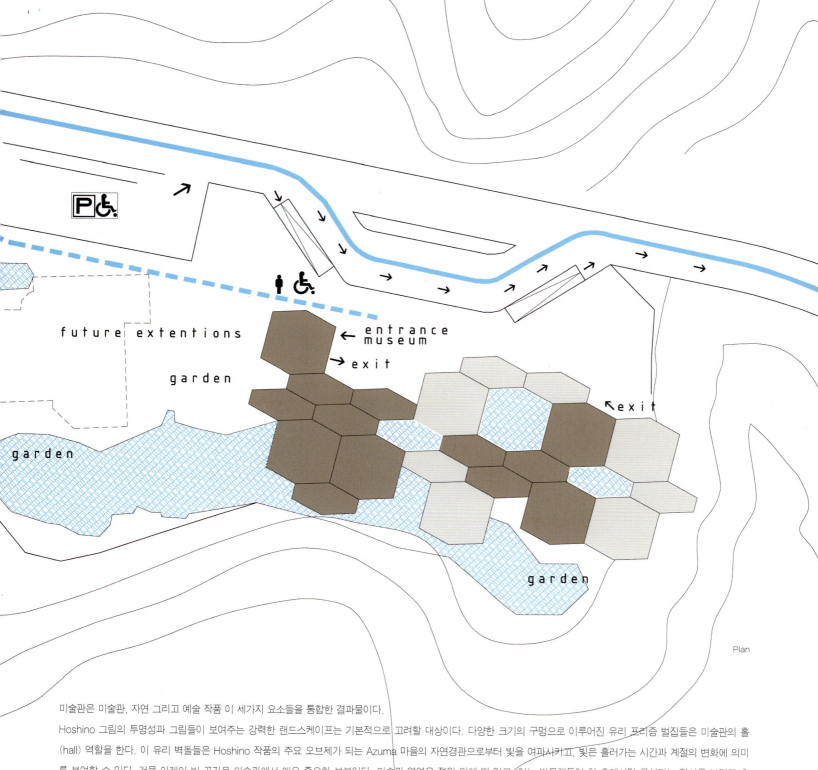

Plan

미술관은 미술관, 자연 그리고 예술 작품 이 세가지 요소들을 통합한 결과물이다.
Hoshino 그림의 투명성과 그림들이 보여주는 강력한 랜드스케이프는 기본적으로 고려할 대상이다. 다양한 크기의 구멍으로 이루어진 유리 프리즘 벌집들은 미술관의 홀(hall) 역할을 한다. 이 유리 벽돌들은 Hoshino 작품의 주요 오브제가 되는 Azuma 마을의 자연경관으로부터 빛을 여과시키고, 빛은 흘러가는 시간과 계절의 변화에 의미를 부여할 수 있다. 건물 아래의 빈 공간은 미술관에서 매우 중요한 부분이다. 미술관 영역은 정원 위에 떠 있고, 이는 방문객들이 한 층에서만 구성되는 전시를 보려고 출발하기 전에, 주변 경관과 접할 수 있게 해 준다.
유리벽돌 벽으로 만들어진 홀은 시와 바깥 풍경 사이의 일체감을 만들어준다.
떠 있는 공간은 방문객들이 가는 길을 편안하게 해주기 위해 미술관 안쪽까지 이어진다.
홀에는 휴식공간과 안마당이 제철 꽃으로 장식된 정원 위로 부유하면서 자리잡고 있다.
두 가지 크기의 홀이 있는데, 대규모 홀들은 방문객들로 하여금 한 작품씩 천천히 감상할 수 있도록 해준다. 그리고 소규모 홀에서는 비디오,사진,글로 쓰인 작품들 그리고 다양한 품목들을 전시한다. 진입로 위의 이층은 특별한 기능을 담고 있는데, 그것은 바로 SHI-GA의 작품을 연구하기 위한 방과 회의실, 사무실과 작은 도서실을 갖춘 작품 보관소이다. 미술관을 산책하며 마지막에 이르는 곳에는 바, 서점, 어린이 작품을 위한 전시공간과 판촉상품 판매대를 갖춘 서비스 영역이 있다.
모든 수장고와 설비는 지하층에 있다.
벌집모양의 구조는 전적으로 사용할 수 있는 공간이 자리 잡히기 전까지, 미래의 필요에 따라 미술관을 확장할 수 있게 해 준다.

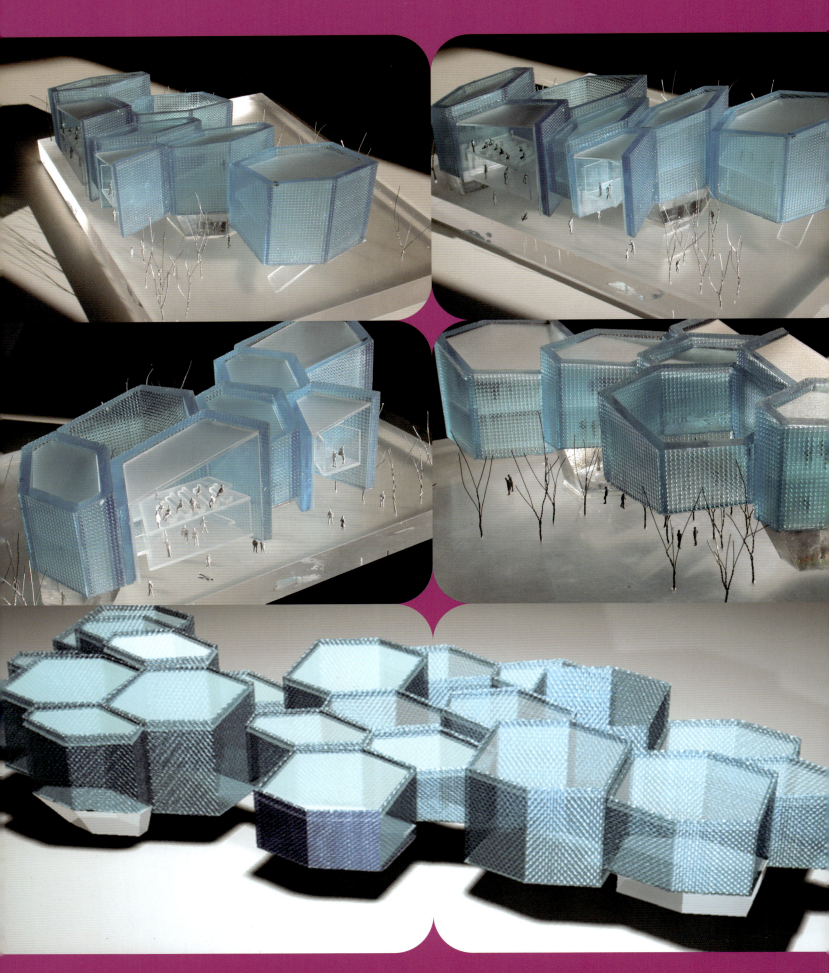

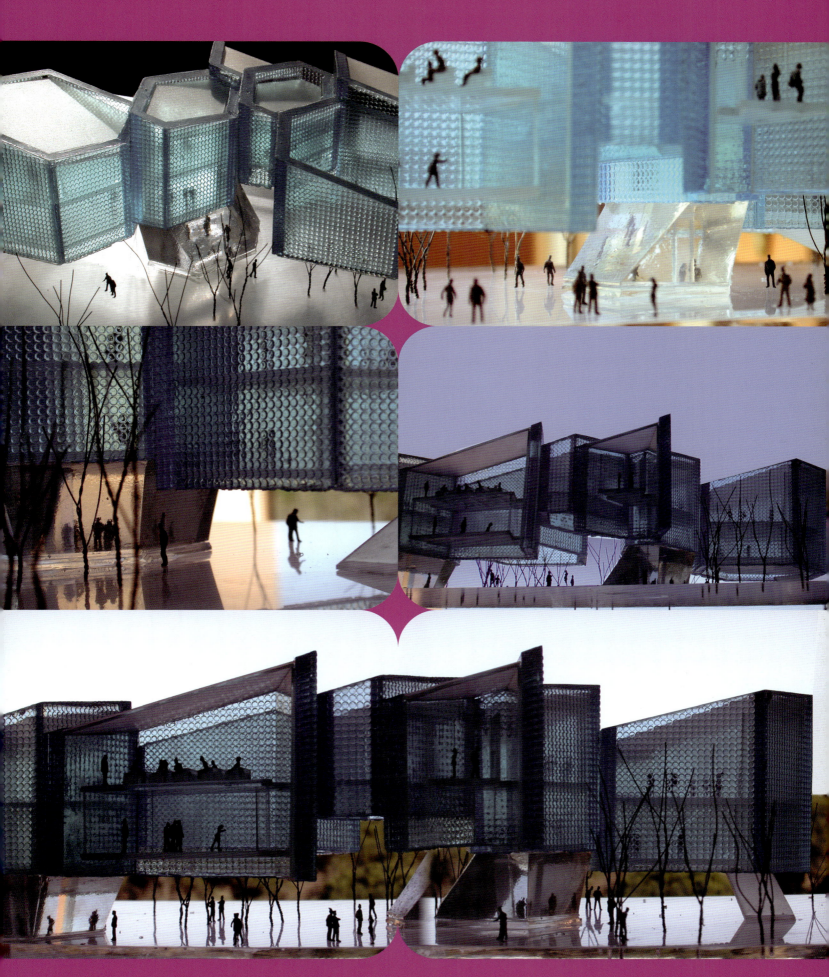

General concept

New dada head office
Invited competition Florence Italy 2001

The Site

IaN+

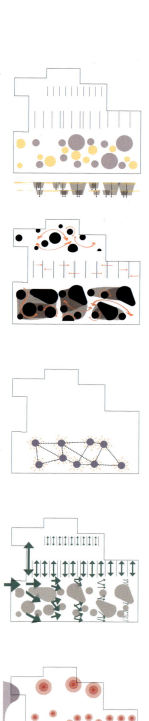
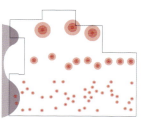

Spatial concepts Space use

104 ■ 105

Plans

The request of the competition offers the occasion to rethink the typology of the working space. In a network environment, as the one of a new economy company, private space gives up place to social one. Project teams working together, continuously exchanging information, knowledge and experiences, need open spaces in order to support direct communication. In the access era, an immediate communication with other colleagues is preferred. Brainstorming and ideas exchange are the focal point of innovative architectural concepts. It is necessary to reduce predefined and rigid spaces in order to encourage nomadic behaviour for employees. The aim is not to get used to new typologies of working spaces, but to rethink traditional systems in an innovative way. In today's working space, the concept of spatial flexibility is outdated, replaced by the concept of transformability. A flexible space seems to accord freedom, while, in reality, it forces every spatial mutation to repeat itself following the same old patterns which do not allow the working activity to evolve itself as required by the access era. Working space's issues should be interchangeable and reversible. The key concept is not flexibility, but a continuous handling over from different stages of balance in the working activity. The main space of the DADA's offices is a new conceived open space where two-dimensional elements of separation between working areas are replaced by three-dimensional elements. They characterize with their presence the contiguous areas, by dividing and combining them at the same time. They have different dimensions and host relax activities, meetings, private work, information exchange. They enrich the open space with specific activities, before restricted to distinct areas of the building. They are connected to the two main levels of the working area, through double height spaces. The building extension re-shapes an artificial landscape, articulating a system of terraces for outdoor happenings.

IaN+

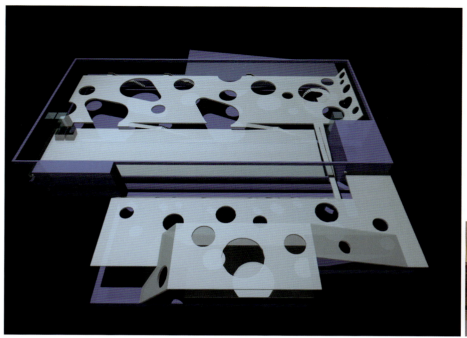

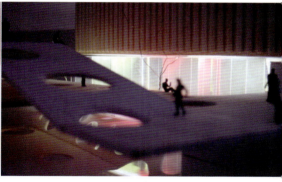
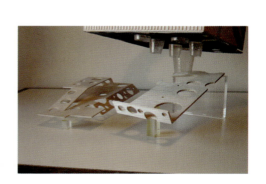
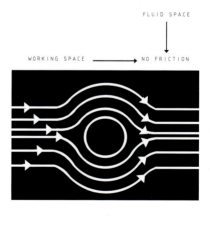
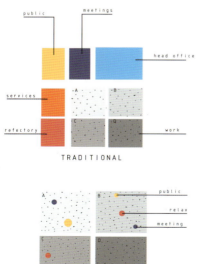

106 107

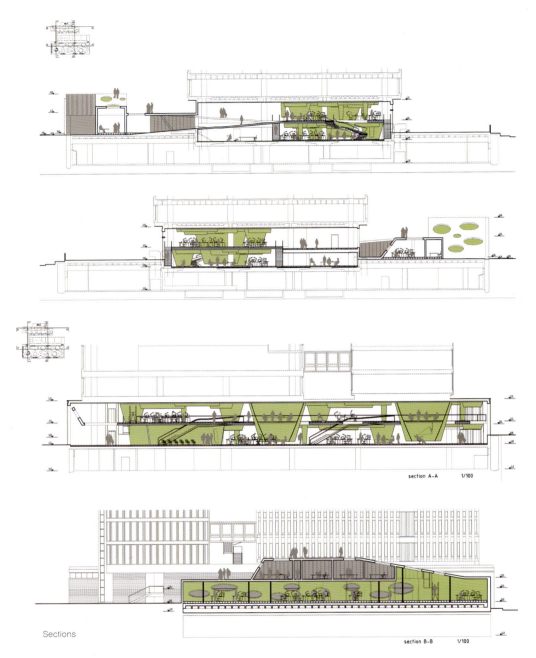

Sections

section A-A 1/100
section B-B 1/100

공모전의 요구사항을 통해 업무공간의 유형에 대해 재고할 기회를 갖게 되었다. 네트워크 환경에서, 새로운 경제 회사의 일원으로서, 사적인 공간은 사회적인 공간에 자리를 내준다. 함께 일하면서, 끊임없이 정보와 지식 및 경험을 교환하는 프로젝트 팀은 직접적인 커뮤니케이션을 지속하기 위해 오픈 스페이스가 필요하다. 왜냐하면 ,정보화 시대에는 동료들과의 즉각적인 커뮤니케이션이 선취권을 갖기 때문이다. 브레인스토밍과 아이디어 교환은 혁신적인 건축발상의 핵심이기도 하다. 따라서, 직원들의 유목민처럼 자유로운 행위를 장려하기 위해, 미리 정의되거나 융통성이 없는 공간을 줄일 필요가 있다. 이 프로젝트의 목표는 업무공간의 새로운 유형학에 익숙해지는 것이 아니라, 전통적인 시스템을 혁신적 방식으로 재고해보는 것이다. 오늘날의 업무공간에서 공간적 융통성의 개념이라는 것은 이미 뒤떨어진 개념으로, 이는 변형성이라는 개념으로 대체된다. 융통적인 공간은 자유를 허용하는 것처럼 보이지만, 실제로는 모든 공간의 변형을 통해, 일이라는 행위가 새로운 정보화 시대의 요구에 따라 스스로 발전하는 것을 허락치 않고, 낡고 똑같은 패턴을 반복하게 한다. 업무공간의 결과물은 호환성이 있어야 하고, 그 역으로의 전환도 가능해야 한다. 주요 컨셉은 융통성이 아니라, 업무행위차원에서 조화의 다양한 단계를 지속적으로 이어주는 것이다. Dada 오피스의 주요 공간은 업무공간의 2차원적 요소에 의한 분리가 3차원적 요소에 의한 분리로 대체되어 새로이 만들어진 오픈 스페이스다.

새로이 만들어진 오픈 스페이스는 그 존재 자체로써, 인접한 영역들을 나누기도 하고, 통합하기도 하면서 그 영역들을 특성화시킨다. 그들은 다양한 범위를 포함하고, 휴식행위나, 미팅, 개인업무 그리고 정보교환 등을 주관한다. 또한, 건물내의 명확한 영역으로 한정되기 전에, 특정한 행위들을 통해 그 가치를 높여주기도 한다. 새로이 만들어진 오픈 스페이스는 이중 층고를 가진 공간들을 통해, 두 개의 서로 다른 주요 레벨의 업무공간으로 연결된다. 그리고 이러한 방식의 건물확장은 옥외 사건들을 위한 테라스 체계를 명확하게 표현해주면서, 인공적인 랜드스케이프를 재형상화해낸다.

IaN+

General view

Concept

Facade Parking
Project financing saba, autostrade, astaldi, vianini lavori Milan Italy 2003

Facade and buildings of the parking place New Fair Pole Milan 2003

The project for the buildings devoted to the Fair on Milan issues from the request to study a system of facade with well defined characteristics: A simple technology, a strong recognizability and the chance to reduce the visual impact of the two blocks, which are about 200 meters long.

A strong recognizability

The main concept is to create through the skin of the building an artificial landscape where to plunge before entering the fair. A system of horizontal binds moving as waves on the facade, opening fromn the indoor sudden views on the fair stands.

The facade of multustorey buildings moves in the horizontal direction, to let emerge strongly the structure of the main entrance, designed by Massimiliano Fuksas. Therefore, the cover of the central exhibition axis finds its ideal continuity in the stripes dynamically enrolling around the two principal buildings.

The facade, which is formed by continuous ribbons with synusoidal profile, protects, without closing it, and removing light and air inside the parking place. At the same time, it creates a movement multiplying and deforming the volumes, disintegrate the stereometry and enlighten the buildings, almost suspended over the soil on a skin of metal web.

If the primary function of multistorey parking places is to host vehicles, it should not be forgotten their capability of attracting and orientating the visitor, using the parking places along the streets, before the complex, guiding him towards the main entrance.

The choice of a non traditional facade aims to increase the architectural quality of a fair pole preparing to be one of the most important in the world. A place where visitors, from the very moment of their arrival, perceive the high symbolic and architectural value

Among metal stripes of the two multi-storey buildings are enclosed two glass volumes suspended, having the double function of signal on the urban scale and of

DD IaN+

internal foyer: On the glass surface of the first building is xerygraphed the logo of the fair, while the glass surface of the second one hosts a graphic display to project animations and video-clips of the activities taking place inside the fair. Throughout the back foyers, large glass screens, are collected and oriented the visitors fluxes using the multi-storey parking places, which, through two pedestrian bridges, reach directly the central axis of the fair.

This connection is conceived as an extension of the plate of Fuksas project: they are not the multi-storey to be attached to the plate, but it is the plate itself to extend towards the two buildings, keeping its connecting role among the various functions.

When by night the containers are empty, the facade inverts its relationships: the voids become full spaces, throughout an internal light system transforming the voids in between the stripes in rays of light, as the horizon at sunset and the plate becomes subtler in the dark.

To reduce the visual impact

The facade is formed by plate wavy ribbons in metal league zync-copper-titanium with a pre-plated surface finish.

The glass part of the facade is in structural glass, it is a smooth light paper, transparent, opposing to the wrinkled bluntness of the wavy plate.

A simple technology

The system of the facade previews a metal substructure sustaining the wavy plate ribbons, with interaxis of 1,50 mt, in a modular coordination with the structural pattern of the buildings. This substructure consists of profilings aimed to the bullet union of each attic. The inclination beavers of the plate stripes vary from two angular measurement ranges, in order to standardize the cuts and ease the operations of putting in place.

The material, light and unalterable, does not require maintenance, because the pre-plating of the metal, obtained through decaping technique, and the gradual development of the coat on the plate guarantee resistance to the corrosion and aggression of atmospheric and environmental agents.

Milan에 대한 박람회를 주제로 한 건물 프로젝트는 적절하게 규정된 특징들을 가지고 입면 구조에 대한 연구를 함으로써 파생된 것이다. : 그 특질들이란 간단한 기술, 강한 인식성 그리고 약 200미터 정도 길이의 두 블록들간의 시각적 충돌을 줄일 수 있는 가능성을 말한다.

주요 컨셉은 박람회에 입장하기 전에 건물의 외피를 통해, 뛰어들 수 있는 인공적인 랜드스케이프를 만들어내는 것이다. 파사드 위에서 물결처럼 움직이는 수평 연결선 시스템은 내부에서 열리면서 다소 갑작스럽게 박람회 스탠드를 바라보게 된다. 다층 건물의 파사드는 Massimiliano Fuksas에 의해 디자인된, 주요 입구의 구조물을 강렬하게 출현케 하면서, 수평 방향으로 움직인다. 따라서, 중앙 전시 축의 덮개는 두개의 주요 건물주변을 역동적으로 감고 있는 가늘고 긴 조각들에서 이상적인 연속성을 발견하게 된다.

사인곡선 모양의 측면을 가진 연속적인 리본들로 형성된 파사드는 그것을 닫지 않고, 주차공간 내부에서 빛이나 공기를 제거하지 않고도 공간을 보호한다. 그러나 동시에, 파사드는 부피를 증가시키거나 변형하는 등의 움직임을 야기시키고, 구적법을 붕괴시키며, 흙 위의 얇은 금속판 표피에 매달린 건물을 밝혀준다. 다층식 주차공간의 주요 기능이 차량을 수용하는 것이기는 하지만, 방문객을 주출입구로 유도하여, 복합 건물 앞에서 거리를 따라 주차공간을 이용하는 방문객들을 끌어들이고, 그에 익숙하게 할 수 있는 능력이 있다는 것을 결코 잊어서는 안 된다. 전통적이지 않은 파사드를 선택한 것은 세계에서 가장 중요한 것 중의 하나가 될 준비를 하고 있는 박람회의 중심이 가진 건축적인 특질을 향상시키고자 함이다. 그것은 방문객들이 도착하는 바로 그 순간부터 매우 상징적이고 건축적인 가치를 감지하게 되는 장소가 되는 것을 의미한다.

도시적 스케일에 대한 동기와 내부 로비라는 두가지 기능을 가지고 매달려 있는 두 개의 유리 입방체는 두 다층 건물의 금속 띠들 사이에 놓여진다. 첫번째 빌딩의 유리 표면 위에 박람회의 로고가 건식인쇄 된다. 반면, 두번째 건물의 유리 표면은 박람회 내에서 발생하는 행위들의 영상과 애니메이션을 투사하는 그래픽 디스플레이를 열게 해

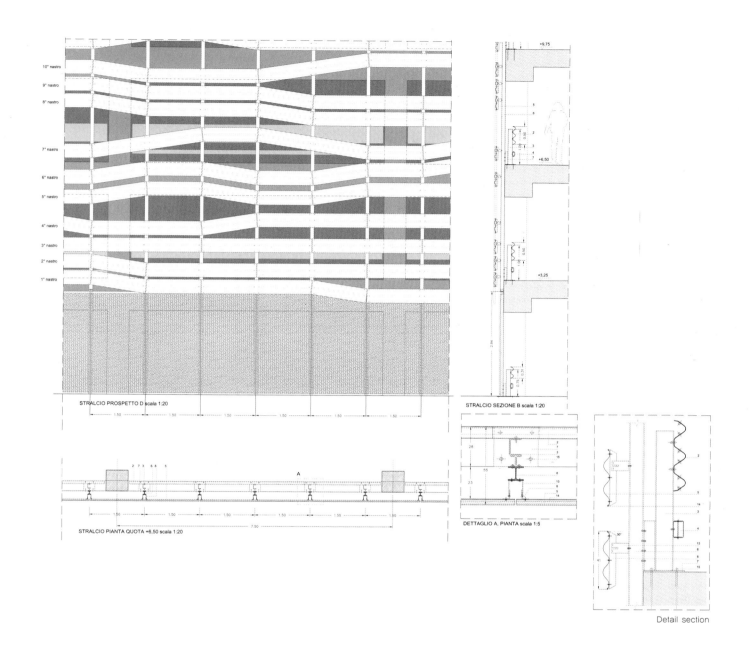

Detail section

준다. 후면 로비와 거대한 유리 스크린 도처에서, 두 개의 보행자교를 통해, 직접적으로 박람회의 중심축에 이르게 되는데, 이는 다층 주차공간을 사용하는 방문객의 흐름을 모아주고, 조정한다.

이러한 연결부는 Fuksas 프로젝트의 확장 범위로서 계획된 것이다. 그들은 판에 부착된 다층이 아니라, 다양한 기능들 사이에서 연결의 역할을 유지하면서, 두개의 빌딩으로 확장되는 판 그 자체이다.

밤이 되어, 건물 내부가 텅 빈 상태가 되면, 파사드는 관계들을 전도시킨다. 일몰의 지평선과 판(the plate)은 어둠 속에서 더욱 미묘해진다. 그래서 보이드는 광선 속에서 띠 사이의 보이드들을 변형시키는 내부 조명 시스템을 통해 가득 채워진 공간이 된다.

입면은 미리 판상형으로 만들어진 표피에서 끝손질을 마친, 금속 부류의 징크-납-티타늄재질의 물결모양 리본 판으로 형태가 만들어진다. 입면의 유리 부분은 구조 유리로 되어 있다. 물결모양 판에서 주름진 부분의 무딤과 대비하여, 부드럽고 가벼운 종이이고, 투명하다.

건물의 파사드 시스템은 건물들의 구조적 패턴과 기초 단위를 조정하면서, 1.50 미터의 내부 축을 갖추고, 물결모양의 리본 판들을 지탱하는 금속 재질의 하부구조를 미리 보여준다. 이 하부구조는 각각의 중이층 봉들이 이루는 합체를 향하고 있는 측면들로 구성된다. 판상형 띠들의 경사받이들은 두개의 각이 이루는 측정범위를 벗어난다. 이는 절개부를 규격화하고 제자리에 놓는 작업을 완화하기 위함이다. 물질과 빛 그리고 불변의 것은 유지를 요구하지 않는다. 왜냐하면 새로이 등장하는 기술을 통해 가능해졌으므로, 금속을 미리 판으로 짜는 것과 판을 다른 재료로 입히는 기술의 점진적인 발달은 대기중이나 환경적인 요인들에 의한 부식과 침식에 대한 저항력을 보증해주기 때문이다.

Mirrors in the landscape

Siena Stadium
International competition Siena Italy 2004

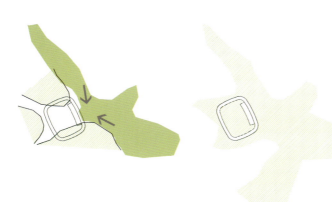 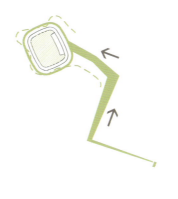 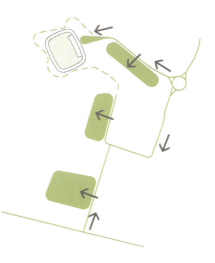

Use diagrams

IaN+

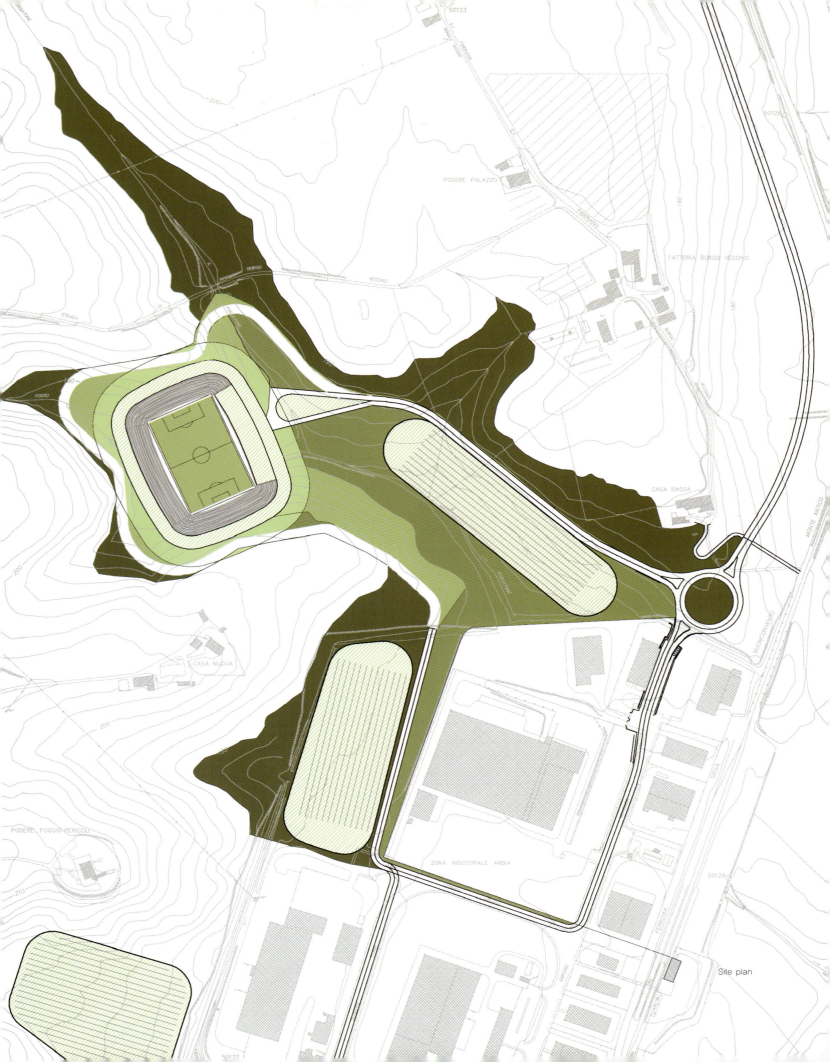
Site plan

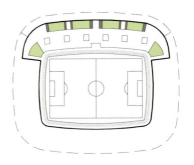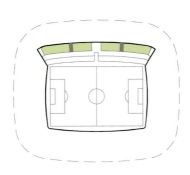

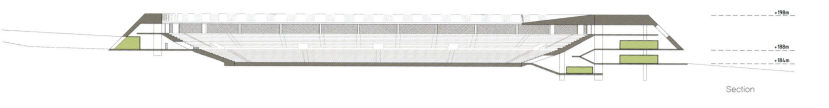

Section

Elevation

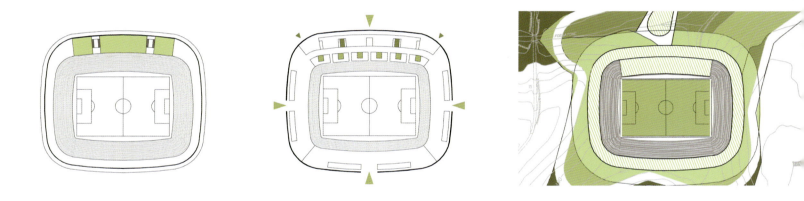

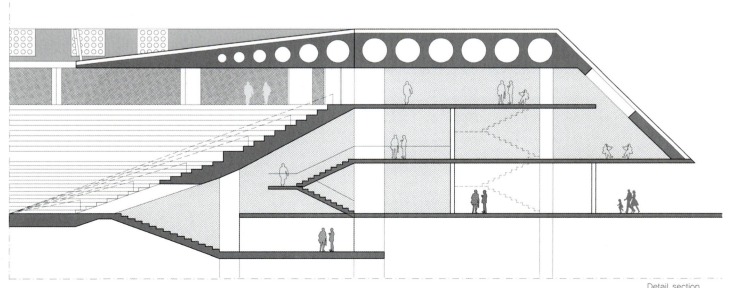

Detail section

118 ■ 119

Two projecting aims have driven the choice of locating the football stadium:

1. To relate and design the landscape of surrounding slopes making the sport facility and the connected services the least invasive possible with a weak visual impact.

2. To make the stadium and the surrounding space a place always usable, to be enjoyed the whole week and not just Sunday.

Projecting inside the landscape is creating an interference between the building and the context, because landscape is marked by time flow, as seasons and light change continually its aspect.

A building, on the other hand, is static, anchored to the soil. To create a building surrounded by landscape it means blocking this transformation, producing a bluff to make the landscape static.

Thus, the stadium has been conceived as a reflecting ring suspended among the slopes; this way the building becomes a dynamic object, living a transformation simultaneous with the context.

The project immediately mimics, reflecting light and colors variations. It is an object charged by a conceptual-functional strength, containing an ambiguity of reading and use, it is at the same time a slope and a stadium, an architecture suspended between movement and staticity.

The stadium has been located inside the Bandita ditch, so to maintain untouched the continuity of Fossatone.

The stadium is suspended between two slopes and an invisible cut marks its entrance.

The stadium is a suspended ring among the slopes, a defocusing within the landscape, at half way between natural and artificial. Coming from station and parking places it is a large door hosting the audience.

프로젝트를 진행해나가는 두 개의 목표가 축구 경기장의 위치를 선택하는 문제를 이끌어왔다.

1. 다소 약한 시각적 효과를 가지고, 가능한 가장 덜 침해하는 방향으로, 스포츠 시설과 관련 시설들을 만들어내면서, 주변 경사지의 랜드스케이프를 연결시키고 디자인하는 것.

2. 경기장과 주변 공간을, 일요일뿐 아니라 주중에도 늘 즐길 수 있는, 언제나 사용이 가능한 공간으로 만드는 것.

랜드스케이프 내부에 계획하는 것은 건물과 주변상황 사이의 간섭을 유발시킨다. 왜냐하면, 랜드스케이프는 계절이나 빛이 지속적으로 랜드스케이프의 모습을 바꾸듯, 시간의 흐름에 의해 특징지어지기 때문이다. 한편, 건물은 정적이고, 흙에 단단히 고정되어 있다. 랜드스케이프로 둘러싸인 건물을 만들어내기 위해, 건물은 랜드스케이프를 정적으로 만들기 위한 속임수를 고안해내어, 변형을 막으려 한다.

따라서, 경기장은 경사지 사이에 떠 있는 반사 고리로 계획되었다. 이렇게, 건물은 주변 컨텍스트와 동시에 변형을 실행하면서, 역동적인 대상이 된다.

본 프로젝트는 빛과 색의 변화를 반영하면서 즉각적으로 모방을 한다. 또한, 이 프로젝트는 그것을 읽어내고 사용하는 데에 있어서 모호함을 간직한 채, 개념적-기능적 힘을 싣고 있는 대상이다. 경사지인 동시에 경기장이고, 움직임과 고정 사이에 매달려 있는 건축이다.

경기장은 Fossatone의 연속성을 손상하지 않고, 유지하기 위하여, Bandita 수로 내부에 놓여졌다.

경기장은 두 개의 경사지 사이에 매달려 있고, 보이지 않는 틈이 입구를 나타낸다.

경기장은 자연적인 것과 인공적인 것 사이의 가운데 위치에서, 랜드스케이프 내부의 초점을 흐리게 하면서, 경사지 사이에 매달려서 떠 있는 고리이다. 이는 역과 주차장에서 나오기 때문에, 관중을 수용할 수 있는 커다란 문을 가지고 있다. 경기장은 철도 역과 경기장을 연결시켜주는 기다란 녹색 축의 도움을 받는다.

IaN+

The stadium is served by a long green axis, connecting it to the railway station.
This is a totally pedestrian axis, as the driving areas leading to parking places are dislocated along south and north perimeters. The green axis is, indeed, a park surrounding the stadium, insinuating among the level curves of the slopes, following the landscape orography.
The stadium appears, therefore, inserted inside an always accessible park, making alive an area, otherwise abandoned during the week, making it a landscape belonging to all the citizens.
The external shell is completely tiled of mirror plates.
The building mimics itself among the slopes and the audience discover it at the end.
The shell disappears among the slopes, dissolving the boundaries among man, architecture and environment, projecting them in a condition of complete uncertainty.
The use of mirror plates neutralizes the presence of architecture in the environment therefore the traditional relationship between subject and background.
The building is deprived of individuality, of a material presence, of a concluded form and of an architectural language of its own.
It rejects a distinguished image and it's completely hidden by the trees, rocks and leaves covering its surfaces.
In this mimetic condition, the mirror is not a double anymore (as for Lacan psychoanalysis), nor projection (as in the perspective tradition), nor a de-localization (as in Foucault's etherotropies), but jus a self-neutralization.
The subject becomes space, but space engulf it, it is a black hole where every representation, or referenciality; implodes.

General view

이것은 전적으로 보행자를 위한 축이다. 왜냐하면 주차공간으로 연결되는 자동차 영역은 남쪽과 북쪽 주변을 따라 위치가 뒤바뀌기 때문이다. 녹색 축은 랜드스케이프의 산악지를 따라 경사지의 수평곡선 사이로 스며들면서, 실제로 경기장을 둘러싸는 공원이 된다.
따라서, 경기장은 영역을 활기있게 만들면서, 언제나 접근이 가능한 공원 내부에 끼워진 것처럼 보인다. 조건이 달랐다면, 주중에는 버려진 것처럼 보였을 것이다. 그리고, 경기장은 이 영역을 모든 시민에게 속한 랜드스케이프로 만든다.
외피는 거울 금속판들로 완벽하게 타일화 되어 싸여 있다.
건물은 경사지 사이에서 스스로를 모방해내고, 관객은 결국 그것을 발견한다.
외관은 경사지 사이로 사라지고, 인간, 건축 그리고 환경의 경계가 가진 효력을 무력화시켜, 그들을 완벽한 불확정성의 상태로 내던진다.
거울금속판의 사용은 주체와 배경간의 전통적인 관계라는 환경속에서 건축의 존재를 중화시킨다.
건물은 개성, 물질적 실재, 완결된 형태 그리고 그만의 건축적 언어마저도 박탈당한다.
건물은 두드러진 이미지를 거부하고, 나무, 바위 그리고 건물의 표면을 덮고 있는 나뭇잎들에 의해서 완벽하게 숨겨진다.
이러한 의태의 상황에서, 거울은 더 이상 두배의 가치를 의미하지 않고 (라캉의 정신분석학에 관한 한), 투사도 아니며(투시화법의 관례에서처럼), 지역색을 없애는 것도 아니고(푸코의 etherotropies 의 측면에서와 같이), 단지 자기-중립화인 것이다. 주체는 공간이 되지만, 공간은 그것을 삼켜버린다. 공간은 모든 개념작용 혹은 지시성이 내파해버리는 블랙홀이다.

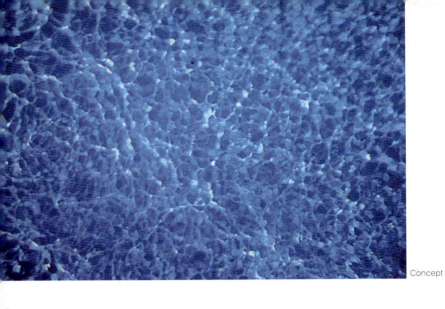
Concept

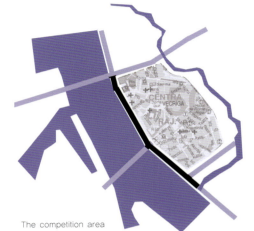
The competition area

Daugava Enmbankment
International competition Riga Latvia 2003 second prize

IaN+

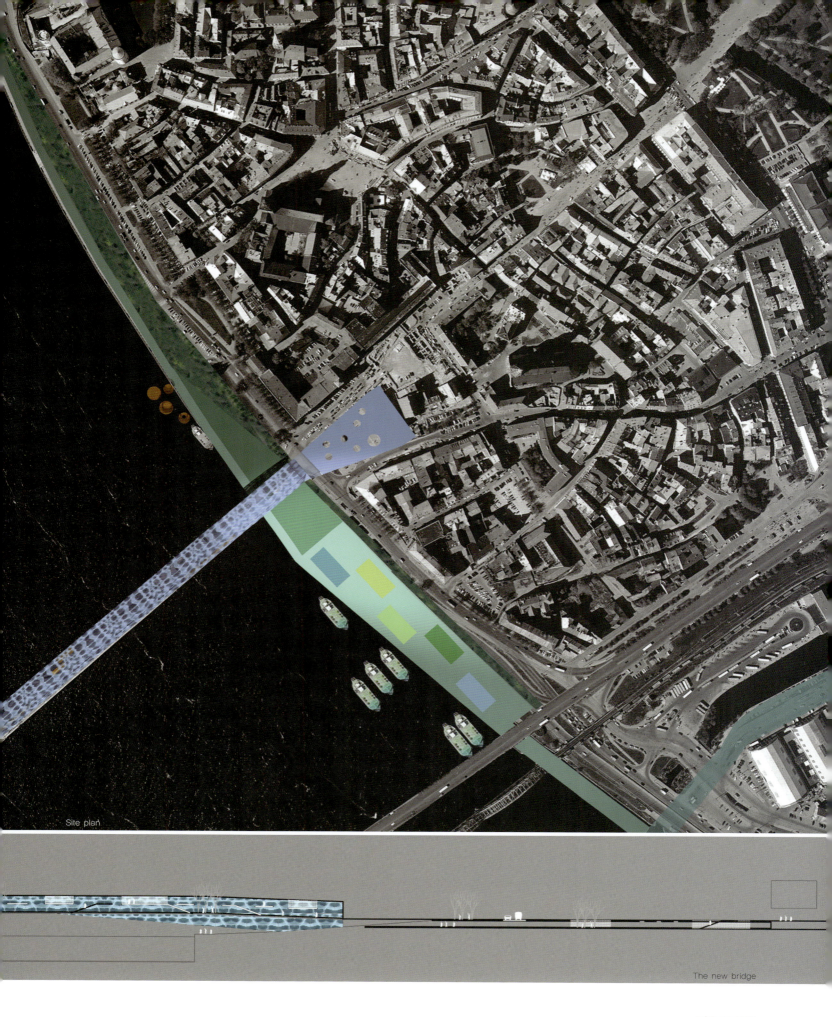

Site plan

The new bridge

122 123

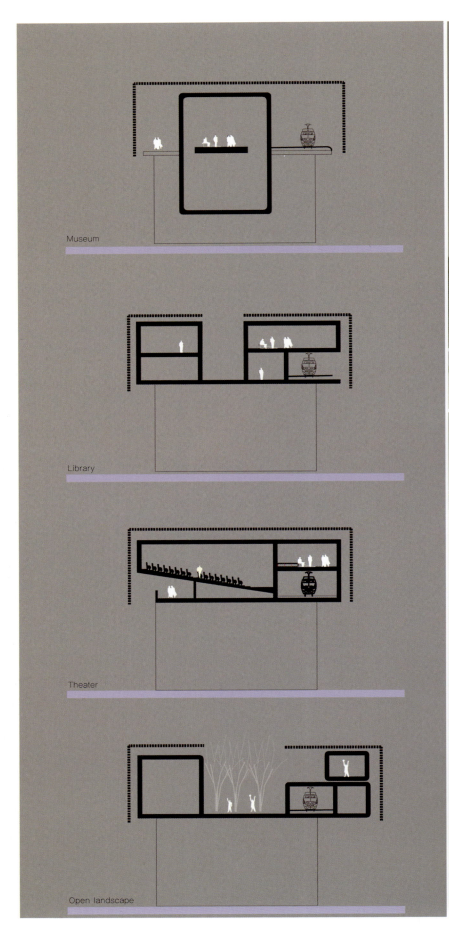

Museum

Library

Theater

Open landscape

DD IaN+

IaN+

In old Europe, the river represent the centre of cities development and public functions on the embankment revitalize the urban space.

Riga has just entered the European Community and it is not difficult to foresee its development on the big scale in the years to come.

The issues linked to traffic and historical center congestion will, in short time, reach the dangerous levels of other European cities. To defend the historical center means to preserve the empty spaces of the embankment ant to think it as a public connecting space.

To defend the open space facing the old town, we thought to enforce the relationship between the historical center and the city on the other riverbank.

We therefore conceived the stone bridge, which is now an infrastructure conveying urban traffic towards the center, as a new functional city extention.

The stone bridge is a link between the two parts of the city and the enmbankment is not just a place to stay, is a connection place.

The re-functionalization of the bridge has been carried out transforming the bridge itself in a building engulfing also public connections.

The bridge, as a building, hosts a library, a museum, a shopping center and some open spaces, allowing a horizontal development of the town of Riga, maintaining its typical skyline and promoting a strategy of public mobility, which enforces on one hand the links between the two parts of the city, and on the other the mobility and transformability more and more characterizing urban life with an analogous transformation of places and their uses.

옛 유럽에서 강은 곧 도시개발의 중심이고, 제방에서의 공공 기능은 도시적 공간에 활력을 불어넣었다.

Riga는 유럽 공동체에 이제 막 가입했고, 다가올 몇 해 동안에 거대한 규모의 개발이 이뤄지리라는 것을 예견하는 것은 그리 어려운 일이 아니다. 교통과 역사적 중심지의 혼잡과 관련된 문제들은 조만간 다른 유럽 도시들과 마찬가지로 위험한 수준에 이를 것이다. 역사적 중심지를 지키는 것은 제방이 가진 빈 공간들을 보존하고 그것을 공공 연결 공간으로 생각하는 것을 의미한다. 구시가지를 마주하고 있는 오픈 스페이스를 보존하기 위해, 우리는 역사적 중심지와 다른 강둑에 위치한 도시간의 관계를 강화하는 것에 대해 생각해보았다. 그런 연유로, 우리는 석조 교량을 착상하게 되었고, 그 교량은 현재 도시의 새로운 기능상 확장으로써, 도시의 교통을 도심으로 연결해주는 기반 시설 역할을 한다. 본 석조교량은 도시의 두 부분을 연결해주고, 제방은 단지 머무르는 공간이 아니라, 연결의 공간이다.

교량의 재-기능화 과정은 공공 연결 기능을 포용하는 건물 내에서 교량 그 자체를 변형하면서 실행되어 왔다. 교량은 하나의 건물로서, 도서관, 박물관, 쇼핑 센터 그리고 얼마간의 오픈 스페이스를 담고 있다. 또한, Riga라는 도시의 수평적 발전을 허용하고, 도시 특유의 스카이라인도 유지한다. 이와 아울러 공공의 이동성에 대한 전략을 발전시키고자 한다. 한편으로는 도시의 두 부분의 연결을, 또 다른 한편으로는 장소와 그 장소의 이용을 유사하게 변형함으로써 도시 특유의 삶을 점차 특성화시키고, 이동성과 변형가능성을 강화시키고자 한다.

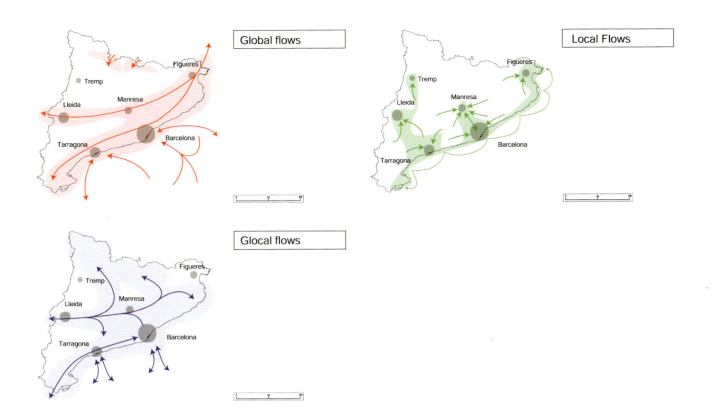

Sportcity an Urban Concept
Hipercatalunya research territories Barcellona Spain 2003 organized by Metapolis

IaN+

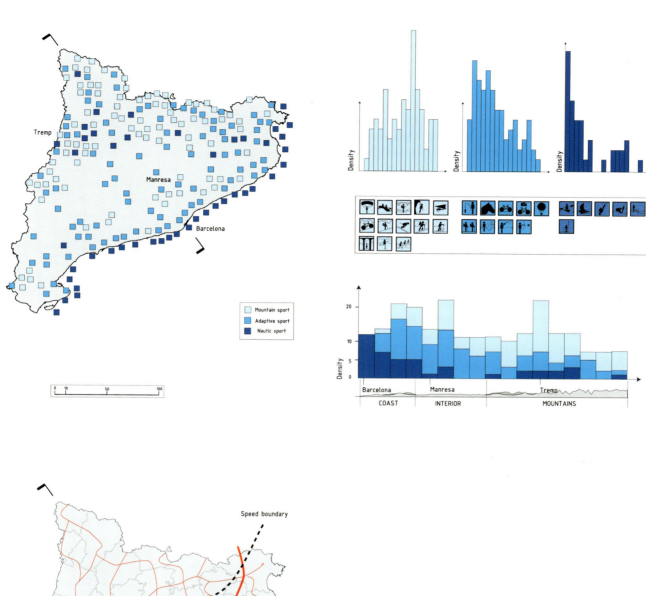
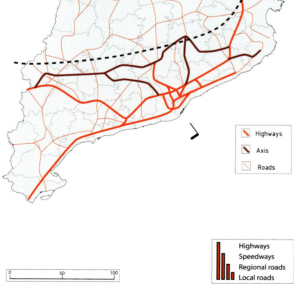
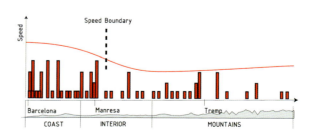

128 129

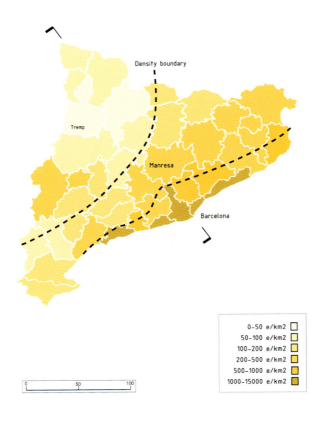
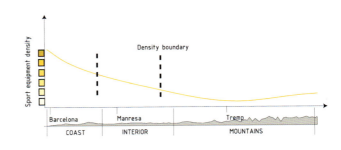
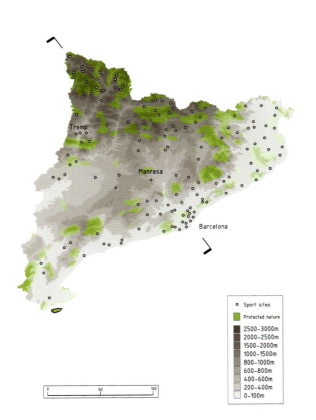
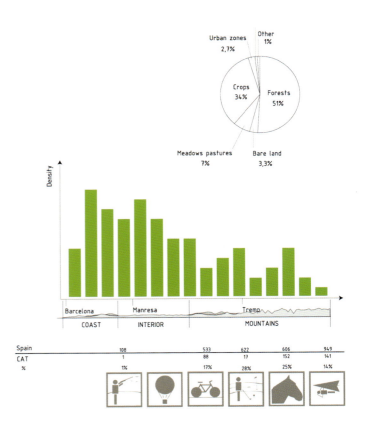

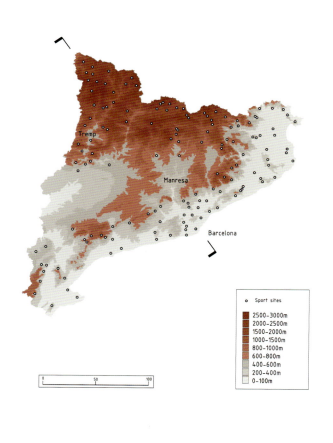
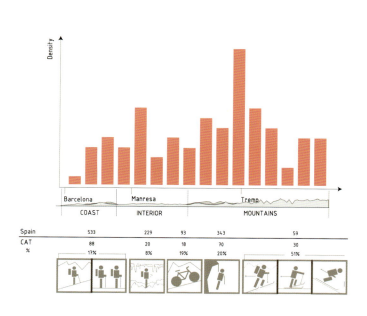
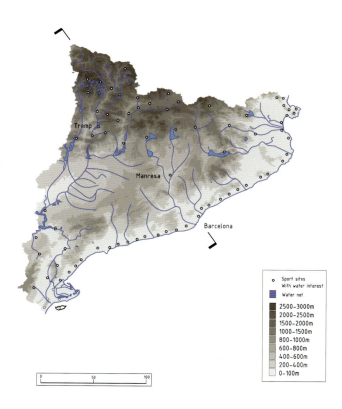
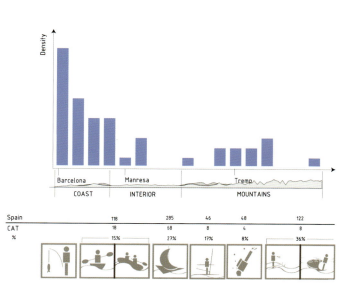

130 131

Soportcity

The main purpose in redefining landscape potentialities it is to work out a strategy, asking how can sport solve a range of issues expressed by the so called "advanced scenarios". In Catalunya's landscape, sport could set off a strategy of non traditional urban development. Thanks to its adaptive and relational features, sport can support various interventional steps. From local to global point of view, sport should be considered as a relational phenomenon, strictly linked to the context and capable of setting off connections among various domains. In this vision, sport also defines the so called "inter-zones", establishing a borderline in between well defined activities, and adopting combinatorial strategies to promote controlled hybridization and contamination processes.

The following questions are intended to integrate the purposes of the "advanced scenarios":

How can sport bring welfare and involve private as well as public domain?

Does sport interact by following, or stopping changes and landscape-related phenomena?

Can sport become a driving force for other activities and for economical development?

If so, how should it be structured?

All these questions can be answered by carrying out a series of strategies, which draw out a map of possible connections, where sport acquires a leading role. These objectives anticipate present and create unexpected scenarios. According to this purpose it will be possible to set off a process of scheduled transformation, where future appears as a vision.

Sport can be conceived as an integrated relation system, linked to various aspects.

Social aspect

In ancient times sport was essentially linked to religious celebrations; today its role of mass-phenomenon emphasizes the ritual and associative aspects, as well as other factors of social life. In a study issued in 1999 on the "New York Times Magazine", entitled The best surrogate of war, the author, Paul Auster, compared Frenchmen's enthusiasm in 1944 for the liberation from German forces, to the celebrations along the Champs Elysees following the unexpected victory in the Football World Cup.

Can sport really be considered a surrogate of the many struggles fought in Europe throughout thousands of years? Be it legend or reality, the first historical traces of football play date back to a war episode. According to ancient chronicles, around year 1.000 a.C., British people celebrated their victory against Danish invaders, by cutting off the enemies' leader's head and kicking it as a ball.

It is not exaggerated to say that some sport disciplines have become so important, to influence international relationships and political and economical structures all over the world. This scenario has created sportive happenings (i.e. football phenomenon) which gains an overwhelming importance, eclipsing phenomena issued from social achievements. Sport as a social factor has acquired growing importance in everyday life, attracting in its sphere a certain number of activities. As a result, a new concept of culture is born, where art and sport are equally involved as interrelated phenomena . Today sport can be considered as a social need, which cannot be organized anymore by mere internal rules. It is necessary to establish a system of external rules which should be applied to understand sport's influences on landscape politics.

The innumerable forms sport has taken throughout the history testify how its practice had to adapt itself to the changes in habits, and to the development of new equipments. Sport is continually reinvented, reformulated and reshaped to keep up the pace with socio-cultural changes. Therefore, beside the evolution of the single disciplines - due to their adaptation both to climatic and natural conditions. it has occurred a transformation in sport equipments and locations. In ancient Rome, sport buildings, then called "gymnasium", played a pivotal role within urban texture, a role which has never stopped its expansion, and which today is closely integrated with human settlements.

Sport as a sociological system (not only as physical practice) can interact at various levels with natural and urban landscape, following three steps of intervention. These steps not only allows sporting to move into new realms, but they also produces some of the most important changes in the way of understanding and working on the landscape.

Though it has lost some original components, sport as civil factor has enlarged its domain into new realms, which have characterized its development since the beginning. The most important of this aspect is the economical factor.

Economical factor

In ancient times sport practice was strictly dependant on private wealth.

Only high society members and aristocrats could take part to sporting celebration, such as Olympic games. Just like in ancient times, money continues to influence sport practice, but today its power is considerably stronger than in the past. Economy has set off a process of exploitation, closely linked to equipments production and to the management of specialized facilities. In our capitalistic culture, sport merchandising has caused a degeneration in social purposes, submitting sport to an irreversible transformation, with an increasing wild exploitation of the landscape.

In our society, where shopping is the only "invariant" of architecture, sport domain is continually developing, according to a money oriented strategy. Socialization (the basic human need to communicate) finds its expression in a system of artificial relations, where original connections with ancient sacred rituals have been lost. Today, the only context where socialization can gain power is the economical domain.

Environmental factor

If ecology is the science which studies related functions connecting human, animal and nature factors, sport can be defined as a system capable of promoting such connections. From this point of view, sport can be considered

도시적 개념의 스포츠시티

조경의 잠재력을 재 정의하는 주된 이유는 소위 "선진화된 시나리오"에 의해서 표현되는 이슈의 문제를 어떻게 스포츠가 풀어낼 수 있을까 물어보는 전략을 세우는데 있다.

카타리나의 조경에서 스포츠는 새로운 도시 개발을 돋보이게 한다.

상호 교류하는 특징 덕분에 스포츠는 다양한 상호 방향을 지원할 수 있게 된다.

국지적으로부터 세계화적 관점에서 본다면 스포츠는 다양한 영역들 관계를 돋보이게 할 수 있고 엄밀하게 관련 있는 내용과 관련 있는 현상으로 생각되어져야 한다.

이 관점에서 보면 스포츠는 잘 정의된 활동과 만들어진 조화와 오염과정을 호전시키는 상호 전략의 경계선을 만드는 소위 내부 지역(inter-zone)을 다시 한번 정의한다.

다음 질문들은 선진화된 시나리오의 목적을 통합하는데 있다.

어떻게 스포츠는 어떻게 복지를 만들고 사적인 영역뿐만 아니라 공적 영역까지 관계를 맺을까?

새로 나타나고, 사라지는 변화와 조경관련 현상에 의해 스포츠는 내부 작용을 하는가?

스포츠는 다른 활동과 경제적 발전에 원동력이 될 수 있을까?

그렇다면 어떻게 구조를 짜야하나?

이런 모든 질문들은 스포츠가 선도 역할을 수행하는 가능한 관계도를 만들어 여러 시리즈의 전략을 수행함으로써 얻어진다.

이들 목적물들은 앞선 현재를 예견하고 기대치 못한 시나리오를 창조한다.

이 목적에 따라 미래상이 비전으로 된 짜여진 변화 과정을 돋보이게 할 것이다.

스포츠는 다양성과 연계된 통합된 관계 시스템으로 인식되어 질 수 있다.

사회적인 면

옛날에는 스포츠는 종교적 축하와 관계가 깊었다.

현재는 대중 현상의 역할은 종교적, 연합적인 면과 더불어 사회의 다른 면도 강조하는데 있다.

뉴욕 타임즈 잡지에 1999년 인용된 연구보고서- 최상의 대리전, 저자 파울 오스터-에서 1944년에 독일 군대로부터 독립한 프랑스 사람들의 열정과 월드컵에서의 예상치 못했던 승리로 Champ Elysees를 따라 연호하는 것을 비교 했다.

스포츠는 진정으로 수천년 동안 유럽에서 갈등으로 인한 싸움의 대리전으로 생각되어질 수 있을까?

전설이든 실제이든지 축구 경기의 첫 번째 기원은 전쟁 에피소드에 기인한다.

고대 기록에 따르면 기원후 1000년경에 영국 사람들은 덴마크 침략자들의 대한 승리를 적장의 머리를 베어 공으로 차며 축하 했다고 한다.

몇 개의 스포츠 훈련은 매우 중요해서 전 세계에 걸쳐 국제관계나 정치, 경제 구조에 영향을 미친다고 말하는 것이 과장된 것이 아니다.

이 시나리오는 사회적으로 이뤄진 다른 성과를 낮춰 보이게 하고 절대적 중요성을 부각 시키는 축구 현상을 만들어 낸다.

사회적 일면으로서의 스포츠는 어느 일정한 수의 활동분야에 매력을 주고 일상생활에서 점점 많은 중요성을 얻어 가고 있다.

결과적으로 건축과 스포츠가 동등하게 상호 관계되는 현상을 낳는 새로운 개념의 문화가 생겨난다.

오늘날 스포츠는 단지 내부규칙에 의해 스포츠 한 가지 아닌 사회적 욕구로 생각되어진다.

조경방법에 스포츠의 영향을 이해하는 외부적 규칙의 시스템을 만드는 것이 필요하다.

역사를 통해 일어난 헤아릴 수 없는 많은 형태의 스포츠는 그들의 모습이 관습의 변화에 따른 변화와 새로운 장비들의 발달에 적응 해 온 것을 증명 해 준다.

스포츠는 항상 사회적 변화의 속도를 따라 가기 위해 재창조, 재형성, 재 모습으로 변해 왔다.

그 결과 기후나 자연적 조건에 적응하기 위한 한 종목의 변혁은 스포츠의 위상과 장비의 변화를 초래 했다.

고대 로마에서는 짐나지아라고 불리는 스포츠 빌딩은 도시의 팽창을 절대 막지 못하는 막강한 힘을 가지고 있었으며, 오늘의 인간이 정착할 수 있게 하는데 밀접하게 관련된다.

사회적 구조로서의 스포츠는 3단계의 접촉이기는 하나 도시와 자연의 조경이 서로 조화할 수 있게 한다.

이들 단계들은 스포츠가 새로운 영역으로 진출하고, 조경을 이해하고 시행하는 방법의 중요한 변화를 야기한다.

비록 스포츠가 본래의 본질을 약간 잃기는 했지만, 시민요소적인 스포츠는 시작부터 스포츠의 발달을 특징으로 하는 새로운 영역으로 확대되었다.

이런 측면에서 보면 가장 중요한 요소는 경제적인 것이다.

경제적 요소

고대에는 스포츠 연습은 엄밀하게 말하면 개인적인 부에 의하여 이루어졌다.

오로지 귀족과 소수 사회 상위 사람만이 올림픽 경기 같은 스포츠 축제에 참가할 수 있었다.

고대시절과 마찬 가지로 돈은 스포츠의 실행에 많은 영향을 미친다.- 오늘날에는 과거 보다 그 영향력이 더 커졌지만. 경제는 특화제품의 관리와 부분적인 제품의 활발한 판매 과정을 가능하게 한다.

우리의 자본주의적 문화로서 스포츠 판촉은 사회적 목적은 약화 되고 조경이 획기적으로 개척되는 돌이킬 수 없는 변혁을 가져왔다.

쇼핑이 단지 불변의 건축가처럼 절대적 영향을 주고 있는 현실에서 스포츠 영역은 돈이 주가 되는 전략에 따라 꾸준히 발전하고 있다.

사회화는 고대 종교의식에서 신성함을 잃고 있는 인위적 관계 시스템에서 그의 표현을 찾을 수 있다.

오늘날 사회화가 힘을 얻을 수 있는 유일한 곳은 경제적 분야이다.

환경적 요소

생태학이 인간과 동물 자연적 요인들 간의 관계를 연구하는 과학이라면 스포츠는 그들 관계를 증진 시키는 시스템으로 재정의 될 수 있다.

이런 관점에서 보면 스포츠는 생태학적 시스템으로 생각 되어 질 수 있다.

즉 인간, 활동, 조경, 경제가 함께 공존하고 있는 영역으로. 오늘날에 와서 새로운 가치 시스템이 인간 사회의 변화와 새로운 중요성을 얻어가고 있는 생태학적 관심을 만드는 원인이 되었다.

오늘 생태학은 열심히 모든 광고 수단을 통해 중심적인 이슈로 표현되고 있다.

우리들의 프로젝트에서 생태학은 지금까지 가져보지 못한 중요함을 얻고 있다.

생태학적 생각은 환경과 조경의 비 전통적 이해를 만드는데 공헌한 우리 사회에서 중심적 역할을 하고 있다.

an ecological system: a domain where man, activity, landscape and economy live together and meet. Nowadays new value systems have caused changing phenomena in human society, creating an ecological awareness which is gaining a new importance. Today, ecology is a central issue expressed - with various intensity - by every advertising campaign. In our project, ecology acquires an even larger meaning. Ecological thinking plays nowadays a central role in our society, contributing to create a non traditional understanding of landscape and environment. An ecological system can be defined an interactive system, where natural and artificial factors are closely related, and where environment includes not only landscape aspects, but also topographical ones. Sport approach, through ecological understanding, produces an extremely flexible and complex matrix, which combines different spatial typologies, giving them an "added value" (functional areas within complex programs). Today, parish churches, schools, parks, public housings and residential sites enclose sport facilities of every kind. The extension of ecological thinking to sport domain has remained for a long time unexamined. Primarily because ecologists have always considered our planet as a system of wild environments. This traditional and vernacular notion of ecology followed an exclusively natural-oriented approach. Recently, many ecologists have extended their views, including in their speculation also artificial and mechanical aspects. According to this approach, interventions on the environment cannot set aside artificial landscapes, which become ideal settings for sport promotion.

These suggestive concepts lead to an ecology of sporting which can be investigated through different dimensions of spatial configuration and operational logic.

Urban factor

Outside of organized facilities, sport has always proliferate spontaneously within the urban texture: in the streets, in courtyards, in green areas
Looking at old photographs or movies, it is possible to see boys playing, in green spaces left void by urban development. Today, these areas have been filled, exploited and enclosed, according to the economy-oriented idea of planning and control. Streets have been invaded by growing traffic flows. As a result, spontaneity has been replaced by planning. Private facilities, schools, churches, and specialized centres are developing everywhere. The growing diffusion of sport facilities reflects the increasing economical interest in this social phenomenon, issued by a human basic need: movement.
This reality has produced an artificial landscape, whose main landmark is sport phenomenon. This landscape has created a new urban context for various customers. In such articulated landscape, architecture's function is to manage and control all the issues (as well quantitative as typological) linked to economy and profits logic. Large urban structures cess to be services, and become instruments for a valuable exploitation of small and large sport facilities.

Data collecting

After having analyzed the meaning of sport phenomenon through its main features, the following step has been data collecting. That means to understand physical, political and landscape features of Catalunya, focusing on their possible interactions with sport, for a correct exploitation of regional potentialities. Through this step, we tried to set off comparative instruments, free from administration and territorial infrastructures. Extrapolating data from the traditional context, it has been possible to determine some development concepts and landscape features. Through an attentive data processing it has been possible to compare different realities, underlining how sport could contribute to landscape reorganization process.

The most impressive datum is that the existing sport facilities are not interrelated and well distributed throughout the territory. The maps produced are intended to offer abstract reading levels, from sporting and architectural point of view.

According to this notion, landscape will be reshaped through three operational steps:
- optimization of the existing facilities;
- development of badly equipped areas bearing unexpected potentialities;
- planning of sport areas within wild environments, in order to set off a conservative process of landscape features.

Sport operational matrix

The relation between points (A) and (B) creates a sporting matrix.
This matrix combines all the advanced scenarios with sport, making new visions possible, through well defined strategies intended to improve the landscape.

Phenomena

Closely related to socio-economical changes, these issues are strongly dependant on landscape development. Sport can help to their solution, adopting an architectural point of view, and defining their integration with the landscape.

Vision (A)

It is a dynamic image, anticipating borderline situations, which generate transformations of given areas. To exasperate the existing scenario means to make it evident its developmental potentialities, and make it comprehensible and acceptable an operational and non conventional strategy. Architecture assumes a "mediatic" role, capable of establishing and highlighting relationships with the landscape.

Strategies (B)

Defining new landscapes: roofs, facades, coastal space reorganization.
Contamination with wild environment interaction between sport and landscape
Creating highly attractive places
Promoting a strategy of mobility to create stronger links
Using existing facilities

DD IaN+

생태학적 시스템은 환경이 조경적인 면과 지정학적인 면을 포함하고, 자연적인 요인과 인위적인 요인이 서로 밀접하게 관련있는 상호 교류 시스템으로 재정의 될 수 있다.

생태학적 이해를 통한 스포츠적 접근법은 고도의 유연성과 복잡한 구조- 즉 부가적 가치를 주는 다른 공간적 상징건물을 연결해주는-를 만든다.

오늘의 프랑스 교회, 학교, 공원, 공공건물과 주거 지역은 모든 종류의 스포츠 시설로 에워싸여 있다.

스포츠 영역으로 생태학적 생각의 확장은 오랜 동안 점검되지 않았었다.

주로 생태학자들이 우리가 살고 있는 지구를 자연스러운 환경으로 항상 생각하고 있기 때문이다.

이런 전통적이고 토착적인 생태학적 개념이 극히 자연적 방법에 기인한 접근법을 따르고 있다.

근자에 많은 생태학자들이 인공적이고 기계적인 생각을 갖는 그들의 관점을 넓혀가고 있다.

이 접근법에 따르면 환경에서의 간섭은 스포츠의 진흥을 이상적 배열이 되는 인공 조경을 무시 할 수 가 없다.

이들 제안적 개념은 공간적 배열과 실제적 논리의 서로 다른 차원을 통해 조사되어 질 수 있는 스포츠 생태학으로 이어진다.

도시적 요소

스포츠는 구성되어진 설비 즉 도시 구조물-거리에서, 안마당에서, 녹색지대에서- 밖에서 자발적으로 성장해 왔다.

옛날 사진과 영화를 보면 지금은 도시의 발달로 없어진 녹색 공간에서 소년들이 뛰어 놀고 있는 것을 볼 수 있다.

오늘 이 지역들은 경제에 기반을 둔 생각의 계획과 통제에 의해 에워싸이고 채워져 왔다.

거리는 폭증하는 교통량에 의해 점령당했다.

결과적으로 자발적인 것이 계획에 밀리고 있는 것이다.

사적인 시설, 학교들, 교회들, 특별히 만들어진 건물들이 모든 곳에서 만들어 지고 있다.

증가하는 스포츠 시설들의 보급은 인간의 기본적인 욕구인 동기로 촉발된 사회적 현상에서 경제적인 흥미를 반영하고 있다.

이런 현실이 그의 주요한 징표인 스포츠 현상인 인공적인 조경을 만들어 냈다.

이 조경은 다양한 고객들을 위한 새로운 도시적 환경을 만들어 낸다.

이러한 명료한 조경에서 조경가의 기능은 경제와 이익의 논리와 연계된 모든 이슈들을 통제하고 관리 하는데 있다.

커다란 도시 구조물들이 운 좋게 서비스 되고 있고 크고 작은 스포츠 시설들을 가치 있게 돋보이게 하게 한다.

자료 수집

스포츠의 주요 모습을 통해 스포츠 현상의 의미를 분석하고 나면 다음 단계가 자료 수집이다.

자료수집이라는 것은 지역적 잠재력을 정확히 활성화 시키는 스포츠와 가능한 교류에 초점을 맞춘 카타리나의 조경 모형을 물리적 정치적으로 이해하는 것을 의미한다.

이런 단계를 거쳐 행정적 지역적 기반 시설의 간섭 없이 비교 도구를 만들려고

한다.

전통적인 내용으로부터 얻은 추정 자료는 약간의 구상과 조경 모형 발전을 결정할 수 있게 한다.

세심한 자료 처리과정을 통해 스포츠가 조경의 재구성 절차를 어떻게 강조 하는지를 비교하는 서로 다른 실체를 비교 해 왔다.

가장 감명을 주는 자료는 존재 하는 스포츠 시설들이 내부적으로 관련이 없고 지역을 통해 많은 공헌을 했다고 하는데 있다.

이 만들어진 지도들은 스포츠적에서 건축가적 관점에서 보면 추상적 독자층을 제공하려는 의도가 있다.

이런 개념에서 보면 조경은 세단계의 실행을 통해 재 모습을 갖출 것이다.

- 현존 시설의 최적화
- 무안한 잠재력을 지닌 지역의 개발
- 조경 모습의 보존적 과정을 돋보이게 하기 위해 거친 환경에서의 스포츠 지역의 계획

스포츠 실행적 구조

점 (A)와 점 (B) 사이의 관계가 스포츠 매트릭스를 만든다.

스포츠와 함께하는 모든 선진적 시나리오가 결합되어 있는 이 매트릭스는 조경을 개선을 목적으로 하는 잘 정의된 전략을 통해 새로운 가능한 비전을 만든다.

현상

사회 경제적 변화에 밀접히 관련 되어서 이들 이슈들은 조경 발전에 강하게 의존하고 있다.

스포츠는 건축가적 관점의 채택과 조경과 함께 통합적 정의를 통해 그들의 해결책으로 도움을 줄 수 있다.

비전(A)

경계선 상황이 예상되는 역동적 이미지는 주어진 지역을 변화 시킨다.

주어진 시나리오를 흥분 시킨다는 것은 실질적이고 진부하지 않은 전략을 수용하고 이해하게 하고 발전적 가능성을 명백하게 한다는 것이다.

건축가가 중재자의 역할을 가정 하면 조경과의 관계를 빛나게 형성하게 할 수 있다.

전략(B)

새로운 조경의 정의 - 지붕, 건물 외관, 해안의 재구성

자연 환경의 오염 - 스포츠와 조경의 상호 작용

많은 매력을 주는 장소들의 창조

좀더 강한 관계를 만들기 위해 활동적 전략의 증진

현존 시설의 이용

항구 지역으로 사람들을 새로이 끌어 들이는데 스포츠의 이용

임시적 스포츠 프로그램을 위해 해안선을 자투리 지역으로 이용

여행객을 위한 자동 재생하는 플랫폼의 설계

고속도로 주변의 지역들의 도시적 발달을 가져오는 중요요소로서 스포츠 시설의 이용

자연스럽게 발달한 지역에서의 자연스러운 스포츠 프로그램

다양한 교육적 문화 프로그램의 돋보임

Using sport to attract new flows of people into the harbour area

Using dead spots along the littoral to set up temporary sportive programs

Designing auto-recycling tourists platforms

Using sport facilities as a key factor to urban development in those areas adjacent to highways

Non aggressive sport programs in wild areas

Setting off an educational multilevel cultural program

Combining sightseeing tours and new complementary activities

Creating new spatial layouts and facilities for virtual sports

Making it possible to practice sport disciplines during the displacement

Using compact sport facilities to reshape and regenerate the surrounding landscape

Using the existing resources and potentials for water sport disciplines

Developing a non invasive exploitation of territorial resources

Adapting sport disciplines to reorganization and recycling of existing areas

Integrating technological development with sport equipments

Urban recycling

Using dismissed areas to host sport facilities and reorganizing dismissed sport facilities

Interventional areas

Through these strategies it will be possible to act on the territory.

These projects are designed as Sportcity

It isn't Sportcity's aim to be the "city of sport". A monothematic town can't exist in real world. Sportcity will be the "land of relationships".

SPORTCITY comes out from interaction among landscape, sport and architecture

SPORTCITY acts on architecture, through an hybridization between buildings and sport facilities.

SPORTCITY is open to the influence of other changing phenomena

SPORTCITY is a landscape-oriented project

The hybridization between classical structures and sport activities allows to find new forms for sport architecture and in particular for the management of sport territory, which can't disregard objective intents of its own customers. At a following stage, it will be possible to codify new typologies.

The hybridization between sport and territorial phenomena will be followed by landscape development of new sport-oriented activities through a serious management of artificial facilities.

Sporting architecture should not be conceived anymore as a mere formalization of a basic human need, but should reflect a growing ecological awareness.

It should be able to foreshadow new landscapes, where sport practice is not codified by an established functional zoning, but by the possibility to settle new spaces (with the same efficiency shown by settlers at the turn of the past century), in order to perform "a diversified use of relational areas through sport practice".

The creation of buildings and complex programs is intended to distribute sport facilities in places presenting different territorial features: sport facilities within the urban texture, and sport areas set in wild environments. This way, sport will influence socialization, playing the role of "condenser", which adapts to various reference areas, various transformation levels.

Therefore, sport must interact with given parameters, which are strictly linked to its internal development.

External factors, such as economy, fashion and time, can let adaptive capability of architecture flow, following monthly or daily rhythms.

Places

The reflections and relative actualizations mentioned above will be located in designed landscape areas:

Coastline

Interior

Mountains

We strongly believe that our project of sporting architecture can apply to all those environments presenting similar landscape features.

Interventional scale will change according to the artificial or natural landscape we intend to second. In working out the notion of Sportcity we tried not to impose an established direction, but to draw a project, capable of emphasize the wilderness of Catalunya's landscape, in order to transform it in such a reality, capable of renewing itself through a compatible development to local inhabitants' needs.

Along Catalunya's coastline, and particularly in Barcelona, we tried to amplify the tourist vocation towards the sea, reorganizing the landscape. To this purpose, architecture will try to define new sport-oriented landscapes, by decreasing the town's attractive force, and desaturating the coastline.

For the town on Manresa, on the other hand, which, thanks to its central geographical position is the ideal attraction point of both internal and international sport-oriented tourists' flows, we set up a project for a larger exploitation of the site. In the region of Tremp we optimized landscape potentialities, trying to enhance its geographical landmarks, characterized by mountains and rivers. Architecture can spread into the environment a more natural way of living, where sport helps to establish contacts with wild life. From this point of view, architecture plays the role of interchange instrument.

Umberto Eco, Homo ludens oggi, in Johan Huizinga, Homo ludens, Einaudti 1973 Torino.

IaN+

새로운 초대된 활동과 경치를 구경하는 관광의 결합

실제로 행해지는 스포츠를 위한 새로운 시설과 공간적 영역의 창조

다른 종목과의 전환시(연습장 사용)에 스포츠 연습이 가능하도록 함.

주위 조경을 다시 만들고 다른 모습으로 만들기 위해 스포츠 시설의 완전한 이용

수상 스포츠 훈련을 위해 존재하는 자원과 잠재력을 이용

지역적 자원의 적극적 발굴과 발전

지금 있는 시설의 재활용과 재구성을 통한 스포츠 훈련의 적용

스포츠 장비와 기술적 발달의 조화

도시의 재설계

낙후된 지역에 스포츠 시설의 유치와 낙후된 스포츠 시설의 재구성

간섭 지역들

이런 전략들을 통해 지역적인요소들을 이용 가능 하게 될 것이다.

이들 프로젝트들은 스포츠 시티로 설계되어 있다.

스포츠시티의 목적은 도시 전체가 스포츠 시가 되는 것에 있지 않다.

한 가지 테마로 된 도시는 실제로 존재하기 어렵다.

스포츠시티는 다른 건축물들과의 조화로운 도시를 말한다.

스포츠시티는 건축, 스포츠, 조경이 함께 어우러져 이뤄진다.

스포츠시티는 빌딩과 스포츠 시설들 간의 조화를 통해 표현된다.

스포츠시티는 건축에 다른 변화 현상의 영향에 노출 되어 있다.

스포츠시티는 조경에 바탕을 둔 프로젝트이다.

고전 건축물과 스포츠 활동의 조화를 위해 특히 고객의 의사를 무시 할 수 없는 스포츠 영역의 경영과 스포츠 건축을 위해 새로운 형태가 필요하다. 이어서 새로운 상징물을 만드는 것이 가능해 진다.

스포츠와 지역적 요소의 조화는 인공 시설들의 힘든 관리를 통해 새로운 스포츠에 기반을 둔 활동의 조경 발달로 이어 질 것이다.

스포츠 건축은 더 이상 단지 인간의 기본적 욕구를 공식적으로 나타내는 거라고 생각해서는 안되고 점점 더 많이 생태학을 반영한 결과라고 생각해야 한다.

그것은 스포츠 실행이 단지 만들어져 있는 제한적 지역에서 이뤄지는 것이 아니고 스포츠 실행을 통해 연결되어 있는 지역을 다양하게 수행할 수 있게 하기 위한 새로운 공간 창출의 가능성에 의해 이뤄지는 새로운 조경을 예상 할 수 있다.

빌딩과 복합 건물을 세우는 것은 서로 다른 지역적 모습을 보여주는 장소 - 도시 건축물속의 스포츠 시설들과 낙후된 환경속의 스포츠 지역-에서 스포츠 시설에 공헌하는데 목적이 있다.

이런 방법으로 스포츠는 사회화 하는데 영향을 줄 것이고 다양하게 변화하는 계층의 사람들과 다양하게 이용되는 지역을 접목 시키는 컨덴서(응축기) 역할을 할 것이다.

그 결과 스포츠는 서로 내부끼리의 발달과 밀접히 관련 있는 주어진 조건을 응용 해야 한다. 외부적 요소 경제 패션 시간 등은 다달이 아니 매일 변화하는 건축의 흐름을 변화시킬 수 있다.

디자인 영역들

위에서 언급 된 것들이 반영되고 실행되기 위해서는 디자인 영역이 중요한 위치를 차지한다.

해안선

인테리어

산들

우리는 우리의 스포츠 건축의 프로젝트가 조경 모습과 흡사한 주어진 환경들을 적용해야 한다고 강하게 믿고 있다.

다른 요소의 개입 정도는 우리가 두 번째라고 생각하는 인공적, 자연적 조경에 의해 변화 할 것이다.

스포츠 시티라는 개념을 성립 하는데 우리가 주어진 방향으로 가는 것이 아니고 실제 거주민들이 편하게 사용할 수 있도록 발전시키는 실제에 주안점을 둔 카타리나 조경의 자연스러움을 강조 할 수 있는 프로젝트를 만드는데 주력해야 한다.

특히 바로셀로나에서의 카타리나의 해안선을 따라가다 보면 우리는 바다로 여행 하고픈 욕망이 많아지도록 설계된 조경을 볼 수 있다.

이런 목적 달성을 위해 건축가는 도시적 매력을 줄이고 해안선을 돋보이게 하는 새로운 스포츠 관점에 기반을 둔 조경을 만들어 가야 한다.

다른 한편으로 만레사라는 도시는 지정학적·유리한점 때문에 국내외적으로 스포츠적 관점에 따라 관광하는 관광객들이 모여드는 이상적인 도시로 우리는 그 지역을 좀더 돋보이게 하는 프로젝트를 만들어야 한다.

트렘프라는 지역도 우리는 조경의 잠재력을 최적화 하고 지정학적 상징을 더 빛나게 하며 산들과 강에 의해 특색화 되는 도시를 만든다.

건축은 자연과 교감하는 스포츠가 좀더 자연적 살아가는 방법이 있는 환경 속으로 뻗어 가야 한다.

이런 관점으로부터 건축은 상호교류 도구 역할을 해야 한다.

Strategic Matrix

01

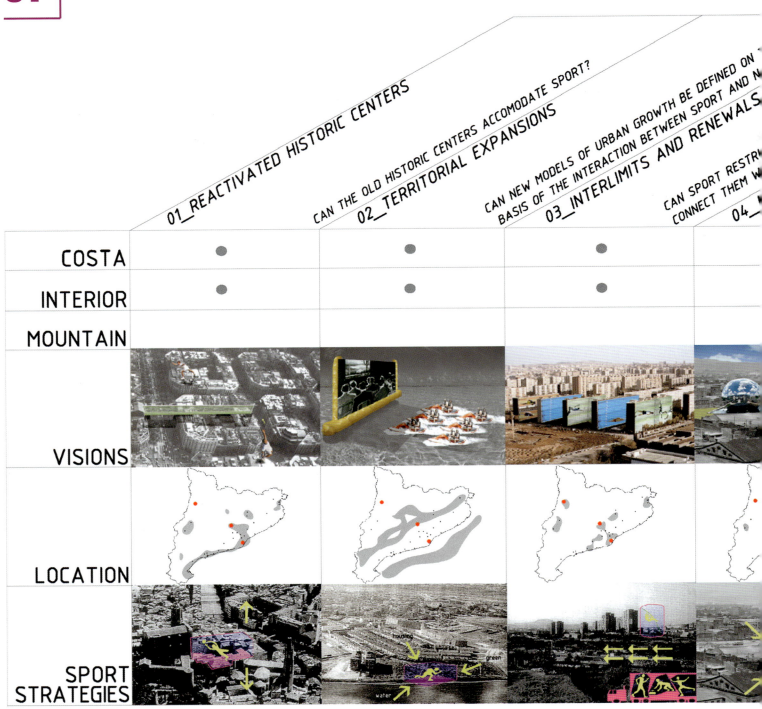

HOUSING ESTATES TO BAN DYNAMICS?

AL PARKS

HOW CAN SPORT ACTIVITIES TRANSFORM THE SUBURBAN MANUFACTURING ESTATES INTO REAL INDUSTRIAL PARKS?

05_NEW NON-HISTORIC CENTERS

CAN SPORT BE AN APPROACH TO A STRUCTURAL AND PROGRAMMATIC REDEFINITION OF THE MAJOR TERRITORIAL POLES OF PRODUCTION AND CONSUMPTION?

06_NON-CONTINENTAL PORTS

IS IT POSSIBLE TO DEFINE A NEW MODEL OF PORT WHERE SPORT KEEPS SHIPS FROM COMING RIGHT IN TO THE COAST?

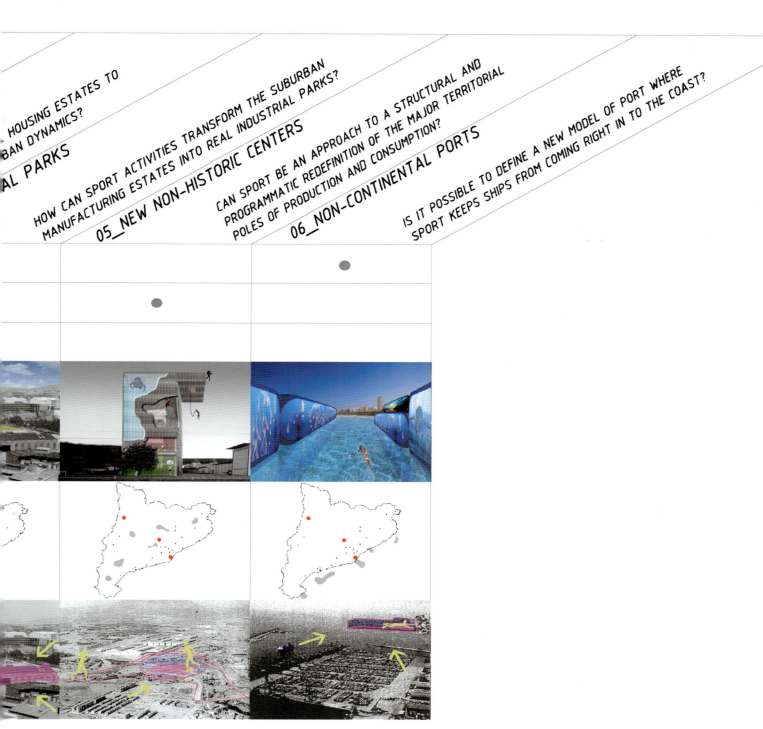

138 139

02

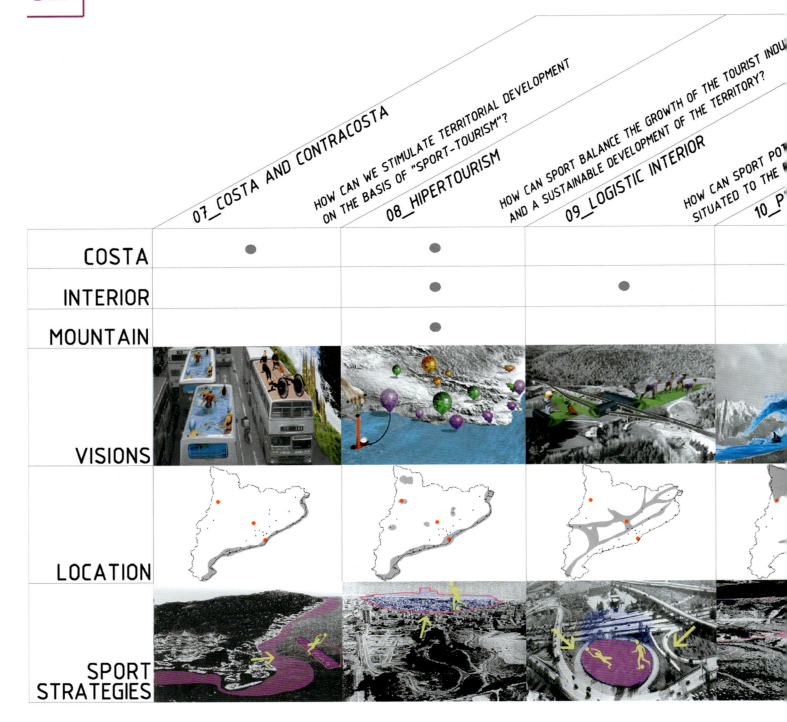

...E EXTENSIVE AREAS
...E COASTAL STRIP?

...ATIC MOUNTAINS

HOW CAN WE PROMOTE TERRITORIAL REEQUILIBRIUM,
DEVELOPING "ECO-SPORT" ACTIVITIES IN A HIGH-VALUE
NATURAL ENVIRONMENT?

11_POPULATION FLOWS

HOW CAN SPORT INTEGRATE THE NEW MIGRATORY FLOWS
IN PLURAL SOCIAL ENVIRONMENTS?

12_SENIOR TIME

WHAT NEW SPORT ACTIVITIES CAN RESPOND TO THE
DEMANDS OF A POPULATION WHOSE AVERAGE AGE IS
PROGRESSIVELY INCREASING?

03

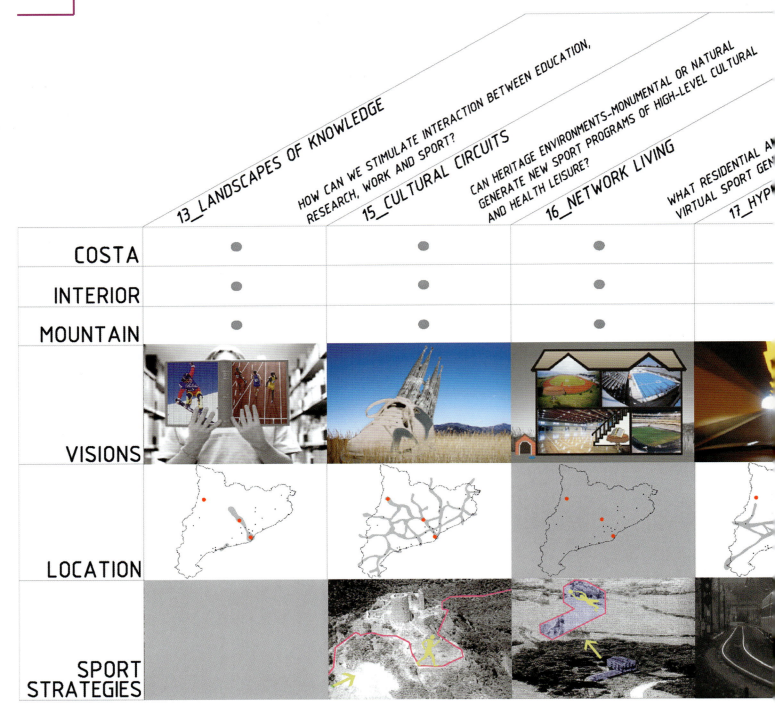

IaN+

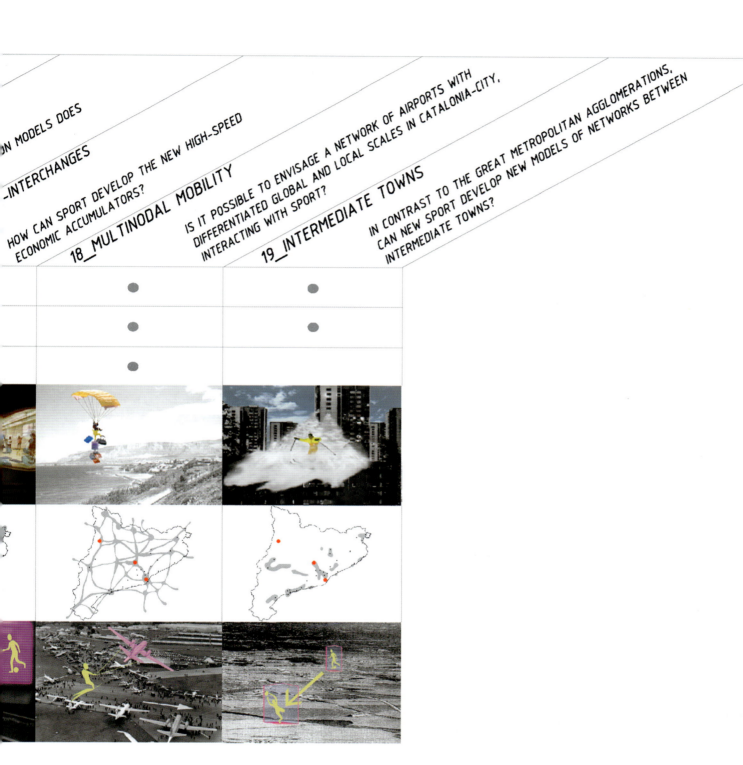

_INTERCHANGES
HOW CAN SPORT DEVELOP THE NEW HIGH-SPEED ECONOMIC ACCUMULATORS?

18_MULTINODAL MOBILITY
IS IT POSSIBLE TO ENVISAGE A NETWORK OF AIRPORTS WITH DIFFERENTIATED GLOBAL AND LOCAL SCALES IN CATALONIA-CITY, INTERACTING WITH SPORT?

19_INTERMEDIATE TOWNS
IN CONTRAST TO THE GREAT METROPOLITAN AGGLOMERATIONS, CAN NEW SPORT DEVELOP NEW MODELS OF NETWORKS BETWEEN INTERMEDIATE TOWNS?

04

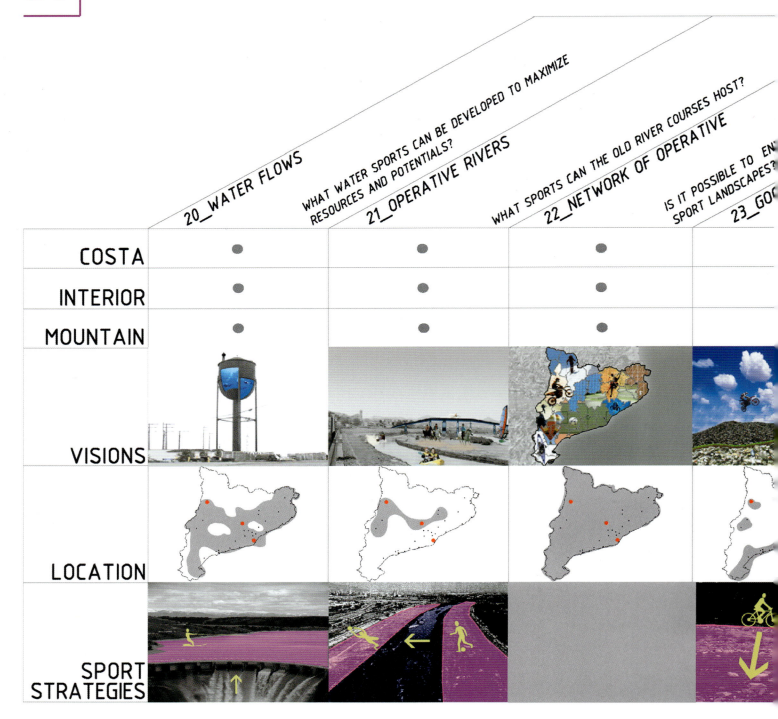

...ONIA AS A LANDSCAPE OF
...TE AND RECYCLING

HOW CAN SPORT INTEGRATE THE PROCESS OF WASTE GENERATION AND RECYCLING TO ACHIEVE A SUSTAINABLE DEVELOPMENT?

24_ENERGY

HOW CAN ENERGY BE PRODUCED IN THE AREAS WHERE SPORT IS PRACTICED?

Natural sport resourts and areas \ Artificial sport equipment density	Intense	Medium	Low
Intense	Optimization	Optimization	Development
Medium	Optimization	Development	Planning
Low	—	Development	Planning
None	—	Development	Planning

144 145

The city with multiple accesses by Matteo Zambelli

After the Metropolis of industrial era, rises the Metapolis of digital era. The city is now a place of places, where various urban models cohabit, every one with its own specifications, which make it different from the others. *(Dicionario Metapolis Arquitectura Avanzada, voce "Metapolis" di Vicente Guallart) (sarebbe piu corretto trovare la citazione in inglese tradotta del dizionario, se esiste).*

The city of today, Metapolis, is an hypertext, an ecosystem winning its significance from the relations put up between physical and non physical sites of the city, between local and global realities. Metapolis is a place of places, it is stratified and multifunctional; it's a rich kaleydoscope, a complex of cities within the city. If the city is an hypertext, where it is possible to set relations among different parts, Sportcity is not a "city for sport", a monothematic town, but it is the connection point of other possible relations and new urban balances.

IaN+ considers sport as a relational system integrated with different urban and landscape aspects, able to set up local as well as global correlations, to attract social activities, to promote the economical development, to improve the urban landscape - in terms of function and growth - to determinate, in the specific, a new way to enjoy and think the landscape (or territory) through sport practice, and to create new typologies of sport architecture.

The project of IaN+ seems to be very contingent for a series of reasons I am going to analyse.

The city as a place of happening and action (happenings versus architecture)

It is therefore necessary to start from the assertion that contemporary towns seem to go through a phase characterized by a mere process of adjustment of their respective infrastructures and services; to a more attentive look, however, it will be clear that modern cities are undergoing a major phenomenon of functional sradicamento, opposite to the prevision and to the functional plans set up few years early. It does not exist an urban function, destination or "zonization" which has not been contradicted within the last years. The so called phenomenon of "industrial dismission" is just the first and most common hallmark of a process involving other urban functions: from trading activities, to residential aims, from tertiary to services. Today we work at home, we live in office, we trade in houses, we study in factories, we offer services in storages, we set up museums in gazometers... This revolution does not produce showy phenomena - from the urbanistical point of view - but it is the result of deep tectonical processes and continuous badisismes, occurring within the urban engine. All these cities are undergoing the same silent revolution. [...] These phenomena, deep, invisibile and dynamic, belong to the so called "weak modernity", that is to say a modernity which gives rise to spread transformations, silent, not showy, reversible, but of great structural relevance. A modernity characterized by the project of environmental microsystems and architectural flexible and/or temporary subsystems.[1]

IaN+ have understood that in towns occur phenomena of bradyseisms, triggered by new actions and events, changing definitely the working system of the city itself without affecting immediately its conformation. Only after, usually, these changes are receive form: the "architectural composition" is functional to systems, actions and events.

After having understood the dynamisms of silent change, Ian+ purpose sport and

Sportcity as the triggering of possible actions and events to be set up within the urban echosystem.

So, we offer a repertory of interventional strategies, a non formal repertory (more as an architectural interpretation of actions and events), conscious that "a great deal of the architectural research today is measured not only with forms and objects, but with conditions, in other words, with actions and events, allowing forms and objects to come to the surface: therefore, inside the projecting process, there are no more stable structures: in other words, stableness is not an absolute value, but it comes, as in the theory of the systems, from a state of dynamic balance, independent and characterized by multiple fluctuations."[2]

IaN+ does not believe in the priority of architecture and design, nor in the pure value of the architectural object, but in the capability of events and actions (linked to the effects of sport) to trigger the real forces (economical, social and political), ruling and determining town development. That is what the group writes in its cathalog of presentation of works: *"Our attention is focused on the understanding of relations, rather than on the objects: that requires that the consciousness of the strict interdependence of events involving landscape and architecture. That is what we call "echological thinking"*[3]

As a result, architecture is involved in discovering activities, still in progress, and in investigating how they could modify the way of living, actions and behaviours of people, knowing that it will surely have effects on how cities work and, on a second place, on the physical forms of parts constituting it. The architect is bound to become a sensor, capable of investigating activities and events, which are able to modify and transform cities deployments.

To think in terms of strategy, presenting a repertory of actions (flexible and "non definitive"), not a design, it means to follow a non deterministic attitude, open to a certain degree of undetermination and freedom, recognizing uncertainty as a constant variable of the previsional techniques, as well as of the fruition dynamisms and of development of the city, but also of projecting, which is opposite to the zoning determinism of the industrial city.

Working on an existing city

IaN+ do not purpose a new city model, nor they want to destroy the old one to replace it with demiurgical and palingenetic interventions.

They do not imagine a new "City of Sun", nor urban models for a different society. Sportcity works with the town as it presents itself, it does not offer self-concluded expansions, but punctual interventions in the "interzones".

Interzones, together with the forces acting on the places and with the zones, are one of the three elements investigated by IaN+ as basis for their project.

"The analysis of activities and fluxes focuses on the zones, mostly characterized by a functional homogeneity and lined by relational and interchange bands, the "interzones", generated by the presence of boundaries or by superimposition of contiguous zones. The interzones are projecting models, which do not disperse energy. They localize minimal and flexible interventions, obeying a given strategy, transformable by the external events. What we call "interzone" is, indeed, a texture capable of adapting itself to all the possible transformations occurring in urban spaces."[4]

While the industrial city conceived a ruthless zoning, dividing the town in monofunctional areas (living spaces, working places, sport and trading areas...) in contemporary towns, the trend is to have different functions in proximity and

메타폴리스, 다양한 접근이 가능한 도시

산업화 시대의 메트로폴리스의 대를 이어 디지털 시대에서는 메타폴리스가 생겨나고 있다. 현재 도시는 다양한 도시 모델이 공존하고, 모든 도시가 고유한 특성을 갖추고 있어 다른 도시와 차별되는 곳이다. *(Dicionario Metapolis Arquitectura Avanzada, voce "Metapolis" di Vicente Guallart) (sarebbe piu corretto trovare la citazione in inglese tradotta del dizionario, se esiste).*

현대 도시인 메타폴리스는 하이퍼 텍스트로서, 도시의 물리적 대지와 비물리적 대지 사이, 지역과 세계 현실 사이에 놓인 관계에서 그 중요성을 획득하는 생태계다. 메타폴리스는 장소 중의 장소로, 계층화되고 다기능적이다. 또 풍부한 만화경이자 도시 내의 도시들의 복합체다.

만약 도시가 여러 가지 부분들 사이의 관계를 설정할 수 있는 하이퍼 텍스트라면, 스포츠시티는 단일한 주제 타운으로서 '스포츠를 위한 도시'가 아니라 여러 가지 다른 관계와 새로운 도시 균형의 연결점이다.

IaN+는 스포츠를 여러 가지 도시와 조경 관점과 통합된 상관적인 시스템으로 간주한다. 이 시스템은 사회 활동을 유치하고, 경제 개발을 촉진하고, 기능과 성장이란 측면에서 도시 조경을 향상시키고, 스포츠 활동을 통해 조경 (혹은 영역)을 즐기고 사고할 수 있는 새로운 방식을 결정하며, 스포츠 건축의 새로운 유형을 창출하기 위해 지역적, 세계적 상관관계를 수립할 수 있다.

IaN+의 프로젝트는 여러 가지 이유에서 아주 우연히 형성된 것처럼 보이기 때문에 다음과 같이 한번 분석해 보고자 한다.

해프닝과 행동의 장소로서의 도시 (해프닝 대 건축)

이런 이유로 최신 타운이 각각의 인프라스트럭처와 서비스의 단순한 적응 과정으로 특징 지워지는 단계를 통해 이루어진 것 같다는 가정에서 출발할 필요가 있다. 그러나 좀 더 주의 깊게 살펴 보면, 현대 도시가 몇 년 전에 수립한 기능적 계획이나 예측과는 달리 기능적 스라디카멘토(sradicamento)의 주요 현상을 겪고 있다는 것이 분명하게 나타난다. 지난 몇 년 동안 어떤 도시 기능, 목적, '존화'도 반박되지 않은 것이 없다. 소위 '산업 해방'의 현상은 무역 활동에서 주거 목적에 이르기까지 다른 도시 기능과 관련된 과정에서 가장 먼저 나타나며 가장 일반적인 특징이다. 오늘날 우리는 집에서 일하며, 사무실에서 살고, 집에서 거래하고, 공장에서 공부하며, 창고에서 서비스를 제공하며, 가스 탱크에 박물관을 만든다......

이런 혁명은 도시생활 관점에서 눈에 띄는 현상을 만들어내지는 않지만, 도시적 엔진 내에서 일어나는 심오한 축조 과정과 지속적인 이동의 결과이다. 이런 도시들은 모두 동일한 침묵 혁명을 경험한다. [...] 이런 현상은 심오하고, 비가시적이고, 역동적이며, 소위 '나약한 현대성'에 속한다. 말하자면 조용하고, 눈에 띄지 않고, 철회 가능하지만, 구조적 관련성이 많은 변형을 유포하기 위해 생겨난 현대성이란 뜻이다.

현대성은 환경 마이크로시스템과 건축적으로 유연하며 일시적인 하부 시스템 프로젝트로 특징지워진다.[1]

IaN+는 형태에 바로 영향을 미치지 않은 채 도시 자체의 작업 시스템을 명확하게 변화시키면서, 새로운 행동과 사건으로 촉발되는 완만지동의 현상이 타운에서 일어난다는 사실을 잘 인식하고 있다. 일반적으로 그 이후에나 이런 변화들이 형태를 얻게 된다. '건축적 구성'은 시스템, 행위, 사건에 기능적이다.

조용한 변화의 역동성을 이해한 뒤, Ian+는 스포츠와 스포츠시티를 도시 생태계 내에서 설립될 행동과 사건의 계기로 계획한다.

따라서 우리는 조정 전략의 목록, 비형식적 목록(행동과 사건의 건축적 해석으로서)을 제공하며, 다음과 같은 사실을 인식한다.

"오늘날 대부분의 건축적 연구는 형태와 대상으로서만 측정되는 것이 아니라 조건, 즉 행동과 사건으로서 측정되며, 이 때 형태와 대상은 표면에 나타난다. 따라서 계획 과정 내에서는 더 이상 안정된 구조가 없다. 다른 말로 하면 안정감은 절대적인 가치가 아니라 시스템 이론처럼 역동적인 균형의 상태에서 나오는 것으로, 다양한 변동에 의해 특징 지워지며 독립적이다."[2]

IaN+는 건축과 설계의 우선권을 믿지 않으며, 건축적 대상의 순수한 가치를 믿지 않지만, 타운 개발을 통치하고 결정하는 참된 힘(경제적, 사회적, 정치적)을 촉발하기 위한 사건과 행동(스포츠의 효과와 연결하여)의 능력은 믿는다. 이런 이유로 회사는 작품을 소개하면서 카타로그에 이렇게 적고 있다.

"우리의 주의는 대상보다는 관계 이해에 집중하고 있다. 이것은 조경과 건축과 관련한 사건의 엄격한 상호의존의 의식을 요구한다. 이것이 우리가 '생태학적 사고'라고 부르는 것이다."[3]

그 결과, 건축은 활동을 발견하고, 진보하고, 사람들의 생활, 활동, 행동 방식을 어떻게 바꿀 수 있었는지 조사하는 것과 관련된다. 이 때 건축은 도시가 작용하는 방식에 확실히 영향을 미칠 수 있으며, 그 다음으로는 건축을 구성하는 부분들의 물리적 형태에 영향을 미칠 수 있다는 것을 인식한다. 건축가는 도시 배치를 수정하고 변형할 수 있는 행동과 사건을 조사할 수 있는 센서가 되어야 한다. 설계가 아니라 행동(유연하며 '결정적이지 않은')의 목록을 나타내는 전략이란 점에서 생각할 때, 이 말은 비 결정론적 태도를 따른다는 것이며, 이 때 미결정과 자유를 어느 정도까지 허용한다는 것을 의미한다. 이 때 미리 짐작해 본 기술, 업적의 역동성, 도시 개발 뿐만 아니라 산업 도시의 조닝 결정론과 정반대인 계획의 일정한 변수로서 불확실성을 인식한다.

기존 도시에 대한 작업

IaN+는 새로운 도시 모델을 피폐하지 않으며, 새롭게 창조하고 재생한 것으로 대체하기 위해 낡은 것을 파괴하는 것도 원하지 않는다.

IaN+는 새로운 '태양의 도시'나, 다양한 사회를 위한 도시 모델을 상상하지 않는다. 스포츠시티는 그 자체로 나타나는 대로 타운과 작업하며, 자기 결론적인 확장이 아니라 '인터존'에 정확한 조정을 제공한다.

IaN+이 프로젝트의 기본으로 조사한 세 가지 요소는 장소에 작용하는 힘과 존들, 그리고 인터존이다.

"활동과 흐름의 분석은 존에 집중하며, 주로 기능적 동질성으로 특징 지워지며 상대적이며 상호 교환적인 밴드인 '인터존'으로 채워지며, 경계의 현존이나 인접하는 존의 첨가에 의해 발생한다. 인터존은 에너지를 분산시키지 않는 모델을 계획한다. 인터존은 주어진 전략에 충실하며 외부 사건에 따라 변형 가능한, 최소한의 유연한 중재를 배치한다.

우리가 '인터존'이라고 부르는 것은 도시 공간에서 일어날 수 있는 모든 변형에 자신을 적응시킬 수 있는 텍스처를 말한다.)[4]

산업 도시가 타운을 단일한 기능 영역으로 나누면서(생활공간, 작업공간, 스포츠와 무역영역......) 무례한 조닝을 계획했다면, 현대 타운에서의 경향은 근접함과 첨가에서 여러 가지 기능을 갖추는 것이다.

실제로, 오늘날 도시에게 필요하고 요구되는 것은 다시 자격을 부여하고 수행에 힘을 더해주는 일이다. 단일 주제 영역에서 치밀함, 교배, 기능의 첨가를 조정하면 이벤트는 없어진다. 다시 자격을 부여하고 주어진 현실을 새롭게 해석하고 이를 관찰하는 새로운 관점을 제공할 수 있는, 아주 최소한의 조정이라도 필요하다.

조정을 '강조하는' IaN+의 도시 전략은 외부 아이템을 이용하는 계획으로 전략 영역(인터존)에 설정하며, 그 효과를 적절하게 확대할 수 있다. 이 때 도시는 관계의 장소인 생태계이며, 한 포인트에서 최소 변동이 전체 시스템을 따라, 이를 변형하고 새로운 균형을 만들어 내면서 반영한다는 사실을 인정한다.

superimpositions. In fact, what the city needs and requires today are requalification and potentiation interventions of the performances. Interventions of densification, hybridization, superimposition of functions in monothematical areas, deprived of events; it needs interventions, even though minimal, capable of requalificating and offering new interpretations of a given reality and new points of view to observe it.

The urban strategy of IaN+ works in "punctuating" interventions, is a "prothesic" projecting, which uses external items, set in strategical areas (interzones), adequate to amplify their effects, knowing that the city is an echosystem, the place of relations, and that the minimal variation in one point reflects itself along the whole system, transforming it and creating new balances.

On this subject, IaN+ speaks of interferences with the reality: "projecting relations means to cause interferences, intended as variations of state, capable of stimulating different social organizations: architecture gives rise to interferences, it does not merely define space, but creates the conditions, by which this space can develop and set roots in the landscape[5]

The interventions purposed by IaN+ have different degrees of permanence and reversibility. All of them intensify, densify and integrate the pre-existing functions or present new ones, also giving new life to "pieces" in disuse.

Some examples.

Densifying functions. The pillars of the bridges are not only structural elements of the spans, but, reshaped and thickened in an adequate way, they can become "rock gymnasia". Beside enhancing existing elements, usually monofunctional, it is obvious that this purpose aims to reuse result/outcome areas under the bridge, which usually are unused.

Integrating functions. IaN+ suggests to confirm rivers banks, in order to transform them in tribunes for the contiguous playgrounds, in structures for skaters. Reuse and invent functions. IaN+ aims to reuse old aircraft carriers as movable structures to host facilities of various kind (swimming pools, tennis courts, soccer grounds, athletics stripes...), obtaining in this way the duplex aim of resuming and re-functionalizing disused machines, without wasting precious space.

Absence of scale

One of the themes of Sportcity is the fracture among projecting scales.

If the city is an echosystem, a relations space among interconnected parts, where every intervention has effects on the whole, then it means that the small and big scales coincide.

So, every project appears as urban and architectural as well. It is therefore explained the meaning of the urban "punctuating approach" of IaN+; there is no concept, or success difference between an intervention on the urban or on the architectural scale (as it would be said), the only difference is dimensional; it is the effect produced which determines the dimensions of the interventional scale.

In Sportcity, cohabit together interventions of relevant dimensions, as the project hypothesis for the University of Sport, with other smaller interventions, the so called "Sport piers" or "Sport trucks".

The sport piers are structures hosting basic services: water sport facilities, small restaurants and inns, which can be located as compoundable blocks (easily deployable), with high grade of reversibility, in precious landscape areas, usually deprived of service structures; or, they can be used as stripes along the seaside, or as rivers' banks, while maintaining their original functions.

The Sport trucks are lorries with minimal sport facilities, capable of being deployed where there is need of basic sport facilities.

The concept as an anti-compositional approach

To accept the city as it is, means being able to use it not as a limit, but as a trigger and stimulating item to conceive new functions. In Sportcity, parts and pieces of a city, or of a building, become "data" to be used to exert estrangement techniques, such as superimposition and hybridization.

The setting in motion of these mechanisms finds its expression in the "concept". The concept is a sort of "synthetical icon", which describes, in a non verbal way, the aim and its possible solutions.

The concept is an instrument capable of triggering the projecting process, because it owns the advantage of involving in itself a double condition: a conceptual and an objective one, abstract as well as figurative, immaterial and material. From the concept/abstract/immaterial point of view, the roles of the play are defined (people, memories, items), as well as the relations among the parts (functions, actions, events, movements); on the other hand, from the objective/figurative/material point of view, are inserted the formal pre-figurations, without being already well defined and "packaged". It is a way to keep together two aspects, once considered separated: analysis and synthesis of the project (intended as a design). The concept acts, in fact, as an intermediate level between object and subject and mediates the passage from abstract and figurative reasoning, embracing them both. The concept is the guarantee for an anti-compositional approach; it is wavy, open, updatable and non deterministic.

Some examples.

One of the aims of Sportcity is to succeed in finding, inside historical and established districts, new spaces where to practice sport activities.

The concept is very effective: on the roofs of a highly dense city, are superimposed two tennis players playing a match.

The strategical operation and the aim expressed by the concept are clear, but it is also clear that they foresee a series of possible architectural scenarios.

IaN+ presents at least three of them.

The first one aims to occupy the roofs with various dedicated facilities, by using the technique of superimposition.

The second one aims to enlarge the facades of existing buildings, by adding volumes to host sport activities, and at the same time, by impressing them a typical restyling. The technique adopted is the hybridization and grafting. The third solution aims to use parking places, not only as places where to park cars, but also to host sport facilities.

Another concept: we use the image of the double, or jumbo, buses, where the higher level hosts a swimming pool. The concept creates and involves new objectives: to give the chance to people wasting a lot of time in reaching places throughout the city, to employ their time to practice sport on the very urban transport places, conceiving movable basic structures for sport activities, easy to deploy where it is necessary. But the concept, by suggesting actions, wishes new architectural configurations; also in this case, IaN+ give different solutions. The most interesting aspect in their proposals is that city and its parts often are "re-located" and acquire a new meaning only through small additions and minimal meaning shifting, of what we usually are accustomed to watch in terms strictly mono-functional.

(Published first on ARCHIT/ www.architettura.it/2004)

IaN+

이 주제와 관련해서 IaN+는 현실과의 조정에 대해 이렇게 말한다. "관계를 계획한다는 것은 상태의 변동으로 의도된 조정을 일으키며, 여러 가지 사회 조직을 자극할 수 있다는 것을 의미한다. 건축은 조정을 발생시키며, 단순히 공간을 규정하지는 않지만 공간이 개발하고 조경에 뿌리내릴 수 있는 조건을 창출한다."[5]

IaN+이 계획한 조정에는 여러 가지 등급의 영속성과 전도가 있다. 모든 등급은 기존의 기능을 증대 시키고, 치밀하게 하고, 통합하며, 사용하지 않는 '부분'에 새로운 생명을 주어 새로운 기능을 부여한다.

몇 가지 예를 들어보자.

기능을 치밀하게 만들기. 다리 기둥은 스팬의 구조적 요소일 뿐만 아니라 적절한 방식으로 다시 형성하고 강화되어, '바위 체육관'이 될 수 있다. 또 주로 단일 기능적인 기존 요소를 향상시킴으로써 이 목적이 일반적으로 사용되지 않는 다리 아래 부분의 결과/성과 영역을 다시 이용하려는 것임이 분명해진다.

기능 통합하기. IaN+는 스케이트를 타는 사람을 위한 구조 속에서 강둑을 인접한 운동장을 위한 관람석으로 변형하기 위해 강둑을 확인할 것을 제안한다.

기능을 재사용하고 발명하기. IaN+는 낡은 항공모함을 다양한 종류의 시설(수영장, 테니스장, 축구장, 육상 트랙)을 유치하기 위한 이동 구조물로 재활용하고자 한다. 이런 식으로 소중한 공간을 낭비하지 않으면서, 사용하지 않는 기계를 다시 사용하고 작용할 수 있게 하는 이중 목적을 달성한다.

규모의 부재

스포츠시티의 주제 중 하나는 계획 규모 사이의 분열이다. 만약 도시가 상호 연결된 부분들 사이의 관계 공간인 생태계이며, 이 곳에서 모든 조정이 전체에 영향을 미친다면, 크고 작은 규모가 동시에 발생한다는 것을 의미한다.

따라서 모든 계획은 도시와 건축적으로 나타난다. 이렇게 해서 IaN+의 도시적 '접근 강조'의 의미가 설명된다. 도시에 대한 조정과 건축적 규모에 대한 조정 사이에는 개념도 없고, 큰 차이점도 없으며, 유일한 차이점은 차원이다. 이는 조정 규모의 차원을 결정하면서 생긴 효과이다.

스포츠시티에서는 소위 '스포츠 부두' 혹은 '스포츠 트럭'이라는 보다 작은 규모의 조정이 스포츠 대학을 위한 계획 가설로서 관련 차원의 조정과 함께 공존한다.

스포츠 부두는 기본 서비스를 포함한 구조를 갖추고 있다. 수상 스포츠 시설, 작은 레스토랑과 숙박시설은 혼합 가능한 블록(용이한 배치)으로서 배치되며, 일반적으로 서비스 구조가 부족한 아름다운 조경 영역에서는 고도의 가역성이 가능하다. 원래의 기능을 유지하면서 해변을 따라 거리나 강둑으로 이용될 수 있다.

스포츠 트럭은 기본 스포츠 시설이 필요한 곳에 배치될 수 있는 최소한의 스포츠 시설을 갖춘 화물자동차다.

반(反)구조적 접근으로서의 개념

도시를 있는 그대로 받아들인다는 것은 도시를 한계로서가 아니라 자극으로서 이용할 수 있으며, 새로운 기능을 이해하기 위해 아이템을 자극한다는 것을 의미한다. 스포츠시티에서는 도시의 부분과 단편들, 혹은 빌딩의 부분과 단편들은 첨가와 교배와 같은 분리 기술을 발휘하기 위해 사용되는 '데이터'가 된다.

이들 메커니즘의 움직임에서의 세팅은 '개념'에서 그 표현을 찾는다. 개념은 일종의 '합성 아이콘'으로, 목적과 가능한 솔루션을 비언어적인 방식으로 설명한다.

개념은 자체로 이중 조건을 포함하는 장점을 지니기 때문에 계획 과정을 촉발할 수 있는 도구다. 여기서 이중 조건이란 개념적이면서 객관적이고, 추상적이면서 조형적이고, 비물질적이면서 물질적인 조건을 말한다. 개념/추상/비물질적 관점에서 볼 때, 부분(기능, 행동, 사건, 움직임) 사이의 관계 뿐만 아니라 놀이의 역할도 규정된다(사람, 기억, 아이템). 반면, 객관/조형/물질적 관점에서 볼 때, 형식적인 사전 형태는 잘 규정되거나 '일괄적으로 포함'되지 못한 채 삽입된다. 이는 한 때 분리된 것으로 간주되었던 두 가지 관점을 함께 유지하기 위한 방법으로, 이 두 가지 관점이란 프로젝트(설계로 의도된)의 분석과 합성이다. 실제로 개념은 이 두 가지를 모두 포용하면서 객체와 주체 사이에서 중개자 역할을 하며, 추상적이고 조형적인 추리의 통과를 중재한다. 개념은 반(反)구조적 접근을 위한 보장이다. 그래서 불안정하며, 열려 있고, 갱신이 가능하고, 결정론적이지 않다.

이에 대한 몇 가지 예를 살펴 보자.

스포츠시티의 목적 중 하나는 이미 설립된 구역 내에서 스포츠 활동을 할 수 있는 새로운 공간을 찾는 것이다.

개념은 아주 효과적이다. 고도로 밀집한 도시의 지붕 위에서 테니스 선수 두 명이 시합하는 모습이 첨가된다.

개념에 의해 표현되는 전략적인 작용과 목적은 분명하지만, 이들이 일련의 가능한 건축적 시나리오를 예견한다는 것도 분명한 사실이다.

IaN+는 적어도 세 가지를 표현한다.

첫째는 첨가 기술을 이용해서 다양한 목적을 갖춘 시설로 지붕을 꾸미는 일이다.

둘째는 스포츠 활동을 유치하기 위해 볼륨을 첨가함과 동시에 전형적인 리스타일링을 표현함으로써 기존 빌딩의 파사드를 확장하는 것이다. 이 때 채택용한 기술은 교배와 접목이다.

셋째는 차를 주차하기 위해서 뿐만 아니라 스포츠 활동을 유치하기 위해 주차장을 이용하는 것이다.

또 다른 개념으로, 우리는 이중, 점보, 버스의 이미지를 이용하는데, 이 곳에서는 보다 높은 레벨에서 수영장을 유치한다. 개념은 새로운 목적을 창조하고 관련한다. 사람들이 도시 전역에서 어떤 곳에 가기 위해 많은 시간을 소비할 기회를 주며, 자신의 시간을 바로 도시 이동 수단에서 스포츠를 즐기는데 쓸 수 있게 한다. 이는 필요에 따라 배치가 용이한, 스포츠 활동을 위해 이동 가능한 기본 구조로 가능하다. 그러나 개념은 행동을 제안함으로써 새로운 건축적 형상을 꿈꾸며, 이를 위해 IaN+는 다른 솔루션을 제공한다. 이 회사의 제안 중에 가장 흥미로운 점은 도시와 그 부분이 종종 '재배치'되고, 소규모의 첨가와 최소한의 의미 변경을 통해서만 새로운 의미를 획득하는 것이다. 우리는 대개 엄격하게 단일 기능적인 관점에서 이를 지켜보는 것에 익숙해 있다.

[1] Andrea Branzi, "L'allestimento come metafora di una nuova modernità", Lotus 115, dicembre 2002, p. 97.

[2] Paola Gregory, Nuovi territori della complessità, Testo & Immagine, Torino 2003, p. 12.

[3] IaN+, Interferenze con il reale, i cataloghi dell'Industria delle costruzioni, Edilastampa, Roma 2003, p. 146.

[4] IaN+, Interferenze con il reale, i cataloghi dell'Industria delle costruzioni, Edilastampa, Roma 2003, p. 150.

[5] IaN+, Interferenze con il reale, i cataloghi dell'Industria delle costruzioni, Edilastampa, Roma 2003, p. 146.

Matteo Zambelli (1968) is an architect and a Doctor of Philosophy in Civil Engineering. He is involved in research and teaching activities at the University of Ancona and at the University of Trento. His papers and essays have been published on the italian magazine L'industria delle costruzioni, and on the online magazine ARCH'IT. He has published the book Morphosis. Suoli Postindustriali, Testo & Immagine, Turin 2004

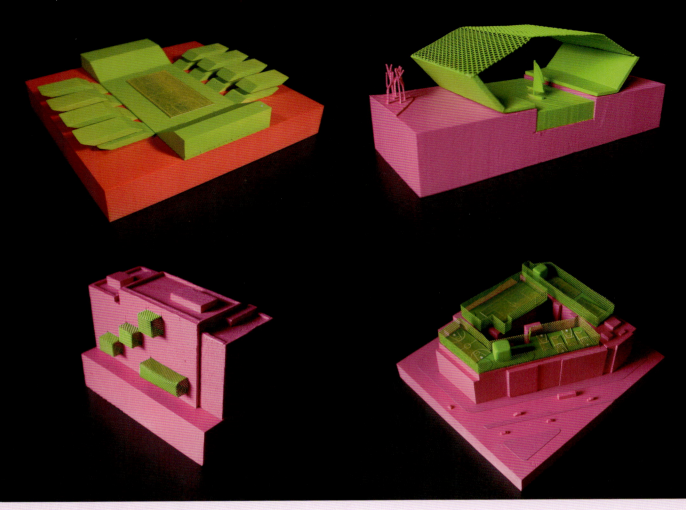

Sport+Territory

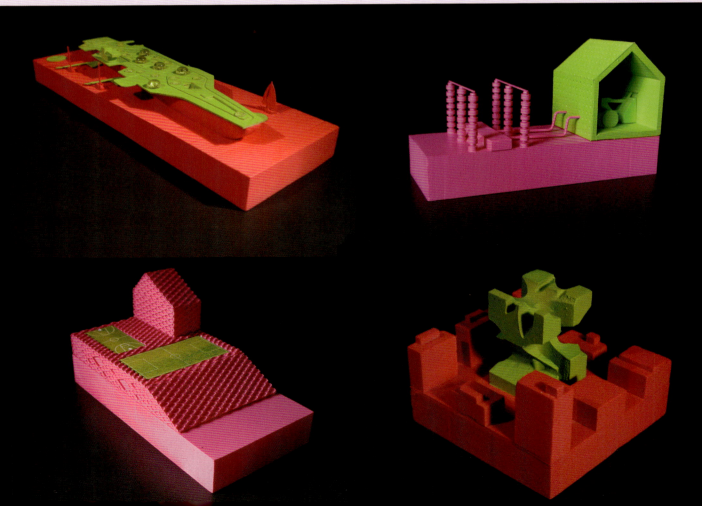

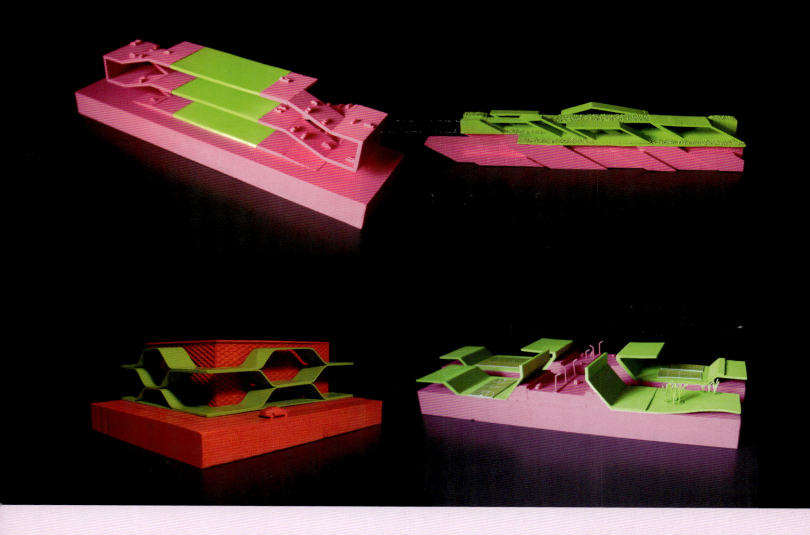
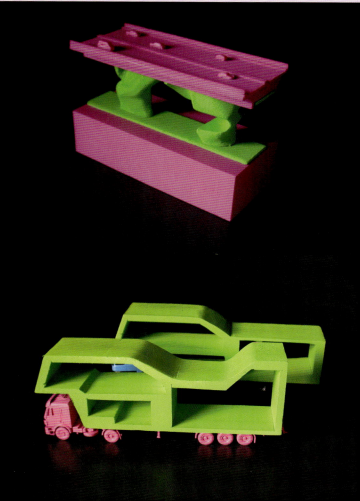
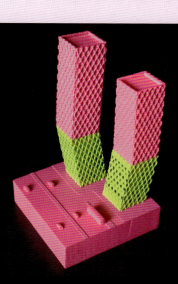

150 ■ 151

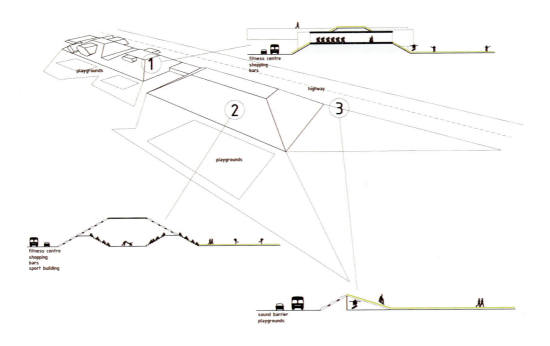

Sport Stations

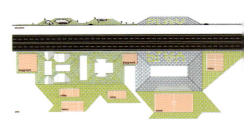

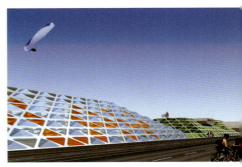

IaN+

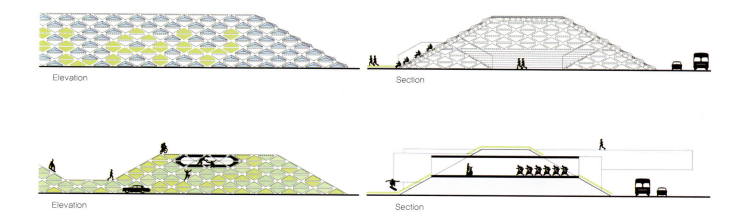

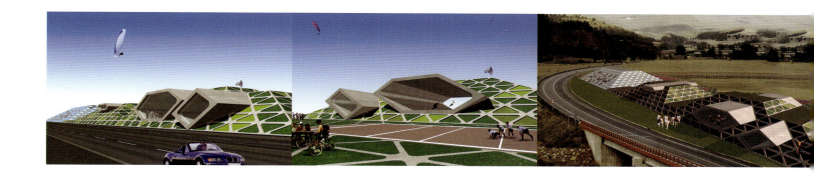

Sport Stations

Sport is conceived as a system, capable of reactivating depressed areas of the region, and of creating artificial landscapes to develop and promote peripheral areas. The project can't set aside from facing with an important regional infrastructure: high-speed ways penetrating the urban texture or running along small towns. The concept of sporting centres "on the road" features structures with a variable dimension. They are intended to become real sporting services areas, hosting gym rooms, tennis courts, soccer grounds and indoor facilities within the settled areas. This system not only will provide the necessary sport facilities, but it will also defend the inhabited centres from acoustic pollution, creating anti-noise barriers.

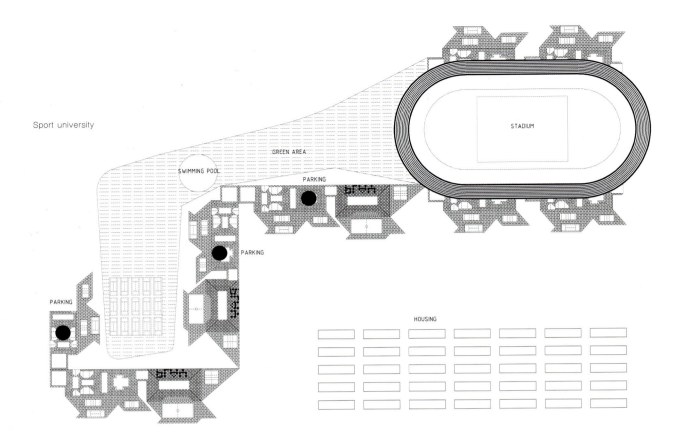

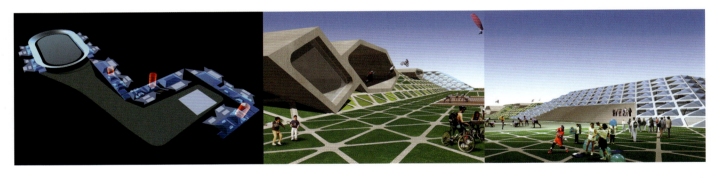

이 프로젝트에 따르면, 스포츠를 지역내의 침체된 구역을 재활성화하고, 주변지역을 개발 및 증진시키기 위해 인공적인 랜드스케이프를 만들어낼 수 있는, 하나의 시스템으로 생각한다. 이 프로젝트 도시조직을 관통하거나 작은 도시들을 따라 달리는, 중요한 지역 기반 시설인 고속도로에 면할 수 밖에 없다. 체육센터의 컨셉 "on the road (길 위에서)"는 가변적인 영역을 갖춘 건물들을 특징으로 삼는다. 스포츠 센터는 정해진 영역 내에서 체육관, 테니스장, 축구경기장 그리고 내부 편의 시설들을 수용하는 실질적인 스포츠 서비스 영역이 되고자 한다. 이러한 시스템은 단지 필요한 스포츠 편의시설을 제공할 뿐 아니라, 이미 입주한 센터를 위해 방음장벽을 만들어, 소음공해로부터 보호해주는 역할도 할 것이다.

Sport Carrier

Sport creates new domains. Catalunya expands its own boundaries through Hi Cat 01, an aircraft carrier provided with sporting equipments. HICAT 01 will concentrate in a single floating macro-structure an impressive gamut of sport disciplines. It will be provided with all kind of sport facilities: swimming-pools, tennis courts, gym rooms, climbing walls, running strips... together with a hotel and a gambling house.

The ship will float along Catalunya's coastline, enhancing the attractive power of the already exploited environment, without altering its density. The access to the aircraft carrier will be possible from the town of Barcelona and from other tourist villages along the coastline. The carrier will remain out at sea and will be connected to the mainland through a taxi-boat system, promoting the tourists mobility, and transforming the mainland surrounding the carrier into a vast play zone. Hi-Cat will be a self-sufficient movable city, capable of hosting on board tourists as well as athletes. This project is intended to extend Catalunya's natural boundaries into the Mediterranean sea.

IaN+

스포츠는 새로운 영역들을 만들어낸다. Catalunya 지역은 운동경기용 설비를 갖춘 일종의 항공모함인 Hi Cat 01를 통해 그 영역을 확장해나간다. HICAT 01은 강한 인상을 주며, 전범위의 스포츠 훈련을 부유하는 단일 대형 구조물 안에 집중시킨다. 그 안에 모든 종류의 체육 시설들 : 수영장, 테니스 코트, 체육관, 등반 벽, 육상 경주로 등과 호텔 그리고 도박장도 함께 갖추고 있다.

HICAT01은 이미 개발된 주변환경의 밀도를 변화시키지 않고, 그 매력을 강화하면서, Catalunya의 해안선을 따라 떠내려 갈 것이다. 바르셀로나와 해안선을 따라 자리잡은 다른 관광도시로부터 HICAT01로의 접근도 가능할 것이다. 배는 멀리 떨어져서 바다위에 머무를 것이고, 대륙파는 택시-보트 시스템을 통해 연결될 것이며, 이는 여행자들의 이동성을 활성화시키고 이 선박을 둘러싼 주변환경을 거대한 오락지구로 변모시킨다.

Hi-Cat은 운동선수들뿐 아니라, 배위의 관광객들도 수용할 수 있는, 자족적이고 이동가능한 도시가 될 것이다. 이 프로젝트는 Catalunya의 자연 경계를 지중해까지 확장시키기 위해 계획된 것이다.

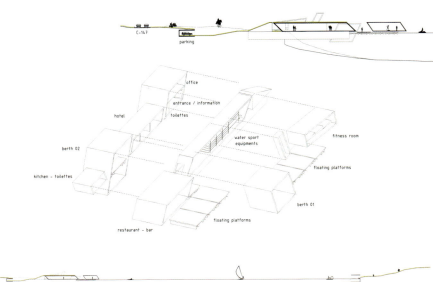

Sport Piers

To intervene on the landscape means to exploit landscape without consuming it; it means also to understand its features and potentialities. Mountains' setting is the ideal place where it is possible to promote sport activity, which don't require peculiar equipments, but the simple and correct exploitation of natural landmarks. Architecture will just set out small interventions, to define an appropriate use of natural areas, without invading the landscape or changing its density.

The docks' system will be set in the artificial basin of Tremp and in the Noguera lake. It will work within the landscape, creating a structure, capable of promoting a more difficult tourism. It will set contacts with the environment, without consuming it, but trying to set off relations with the ecosystem. The docks' system will host basic services, small shelters, water sports facilities, restaurants and self-sufficient floating settlements. Crossing the lake it will be possible to get to isolated spots along the shores, and to dive into protected areas. Docks will act as filters and check points for incoming flows, offering the possibility to practice sport in wild landscapes.

One crossed these check points, through floating settlements areas, it will be possible to dock to the most isolated spots along the lake. From there it will be possible, through walking, riding or biking tracks, to get to mountains' shelters and to small towns in the surroundings. It will also be possible to move on the water surface remaining at one's own accomodation. Architecture acquires the meaning of a relational system. It will develop and organize a "difficult tourism", alternative to the traditional one. It will also provide an internal mobility, capable of enhancing the many possibilities offered by Catalunya's landscape.

IaN+

랜드스케이프상에 개재하는 것은 랜드스케이프를 소모하지 않고, 개척하기 위함이다 ; 또한 랜드스케이프의 특징과 잠재력도 이해하고자 함이다. 산의 주위는 특별한 장비를 요구하지 않는 스포츠 행위를 활성화시킬 수 있는 이상적인 장소이다. 자연 그대로의 랜드마크를 단순하고, 확실하게 이용하는 것이다. 여기서 건축은 랜드스케이프를 침해하거나, 밀도를 바꾸지 않고, 자연지역을 적절하게 이용하는 것이 무엇인지를 정의하기 위해 단지 소규모의 간섭으로 제한할 것이다. 독(docks) 시스템은 Tremp의 인공유역과 Noguera 호수에 놓여질 것이다. 그리고 건축물을 만들어내고, 다루기 쉽지 않은 관광사업을 증진시키면서 랜드스케이프 안에서 작동하게 될 것이다. 또한, 자연 환경을 소모하지 않으면서도 그와 접촉하게 하고, 생태시스템과의 관계를 파생시키려 할 것이다.

독시스템은 기본적인 서비스 공간들과, 소규모 주거, 수중 스포츠 시설, 레스토랑 그리고 자족적인 수상 가옥들을 담게 될 것이다. 호수를 건너면, 해안을 따라 외딴 지점에 이를 수 있고, 보호구역의 물 속으로 뛰어들 수도 있다. 독은 거친 자연환경에서의 운동 연습에 대한 가능성을 제공하면서, 밀물의 여과기와 체크포인트 역할을 할 것이다. 누군가 수상 가옥 지역을 지나서, 이 체크포인트를 건넜다면, 호수를 따라 가장 고립된 지점에 배를 대는 것이 가능할 것이다. 그리고 거기서부터, 도보, 승마 혹은 자전거 통로를 따라 산에 위치한 소규모 주거나 주변의 작은 도시에 이를 수 있다. 또한, 편의에 따라 수면위로 이동하는 것도 가능할 것이다. 여기서 건축은 상관 시스템의 의미를 얻게 된다. 이러한 시스템은 '다루기 힘든 관광산업'을 발전시키고, 기존의 것에 대한 대안으로서 이를 체계화할 것이다. 또한, Catalunya 지방의 랜드스케이프가 제공해주는 많은 가능성들을 강화해줄 수 있는, 내부의 이동성(기동력)을 공급해줄 것이다.

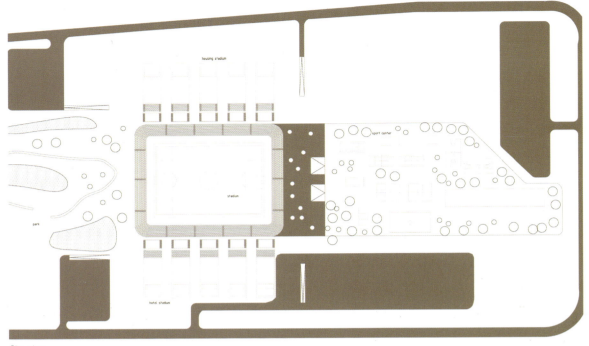

Site plan

Living Stadium

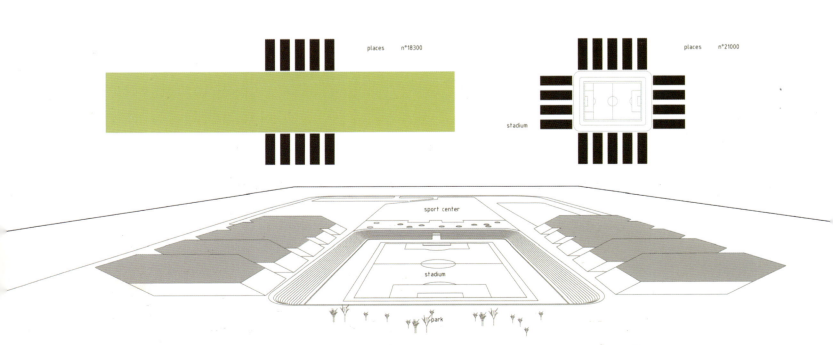

IaN+

The town of Manresa is set in the heart of the region. Its exploitation will contribute to desaturate the metropolitan area surrounding Barcelona. Developing an university- related settlement, Manresa could play a pivotal role on national as well as on international level.
To realize a Sport University, it will be necessary to redesign the classical stadium complex. The stadium becomes a public, open and liveable space. Tribunes, parking places and the game ground will become part of a urban park. The new complex will host all the sport-related functions. Sport university, students' accomodations, a high-performance training facility for athletes from all over the world, a museum, a hotel and a shopping centre/mall.
According to this new concept, the stadium will act on various levels, promoting urban and national development and enhancing Catalunya's importance within the country.

Manresa라는 도시는 지역의 중심부에 위치하고 있다. 이 도시의 개발은 바르셀로나 주변의 도시적 영역을 흡수해가는데 기여할 것이다. 대학 연계 거류지를 개발하면, Manresa는 국제적으로 뿐 아니라 국가적으로도 중추적인 역할을 할 수 있을 것이다. 체육대학(Sport University)을 짓기 위해서는 고전적인 종합 경기장에 대한 재디자인이 필요할 것이다. 경기장은 일반 대중들에게 개방된 지내기 좋은 장소가 되고, 관람석, 주차장 및 운동장은 도시 공원의 일부가 될 것이다. 새 경기장은 모든 체육 관련 기능들, 이를테면, 체육대학과 학생 편의 시설, 전세계 출신의 운동 선수들을 위한 고성능의 연습 시설, 박물관, 호텔 그리고 쇼핑 센터/몰을 수용하게 될 것이다.
이러한 새 컨셉에 따라, 새 경기장은 도시적, 국가적 발전을 촉진하고, 국가내에서 Catalunya의 중요성을 강화시켜 주는 등, 다양한 측면에서 작용하게 될 것이다.

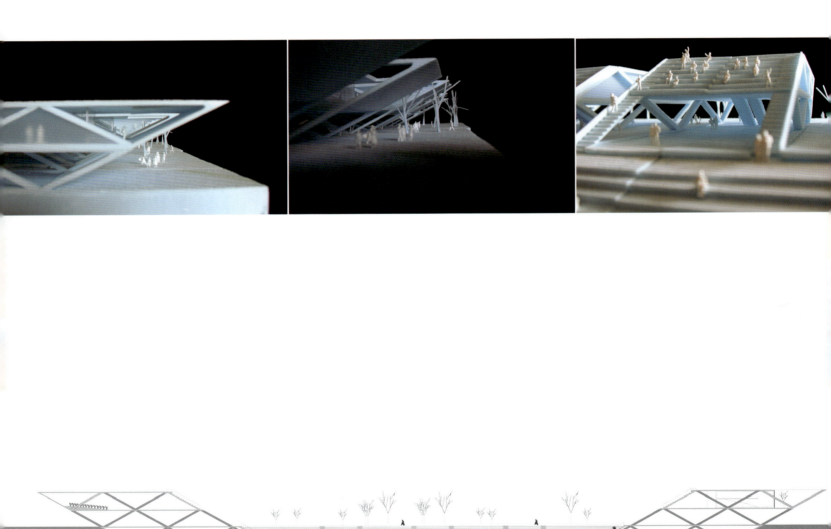

Section

IaN+

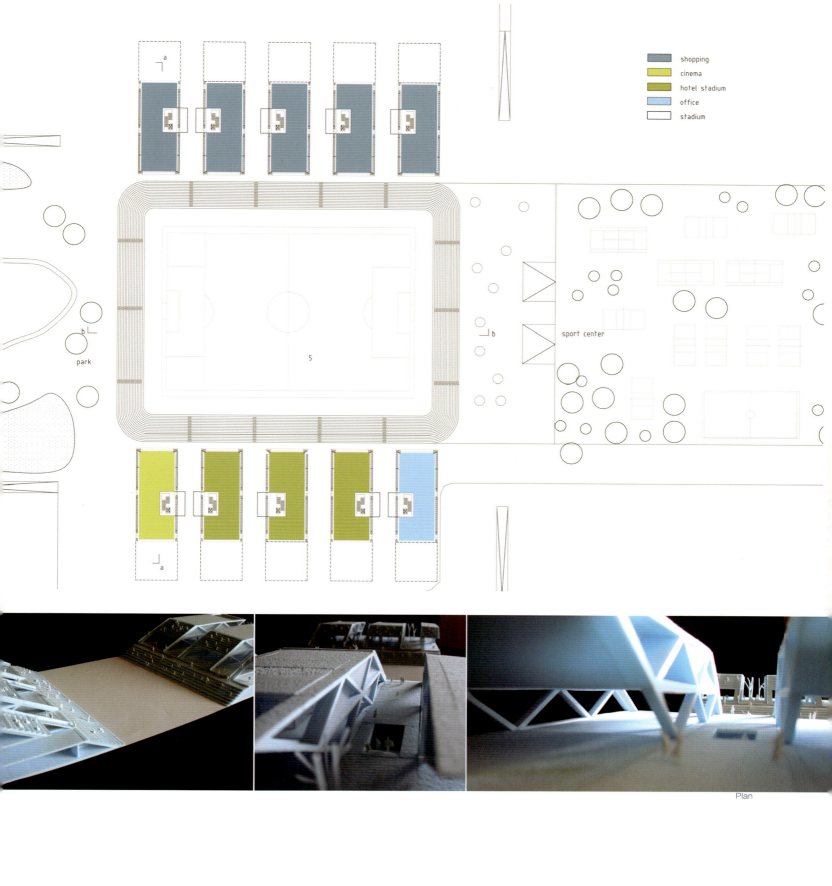

Plan

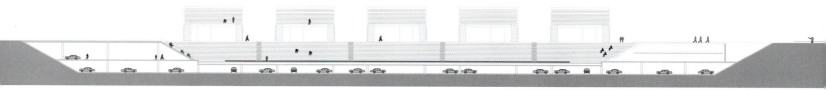

Section

162 ■ 163

City concept

FuturamaY2K
VII Venice biennal Italy 2000

Concept

IaN+

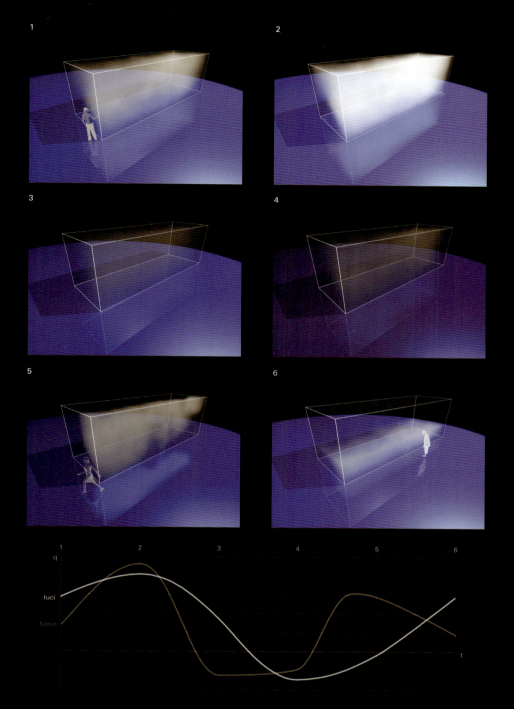

FuturamaY2K represents the dynamic image of the many possible configurations of contemporary city, working as an organized system. This configurations manifest themselves through succeeding points of balance. Throughout the 20th Century, the cities of the future have been described with reassuring images of predefined, never changing, crystallized forms and situations. Today, the way we can represent the city of the future is quite less precise, maybe even less reassuring. First of all it takes into account the spaces for the organization of transitory forms and of temporary associations. A process of continuous physical and social transformation makes cities alive giving them new potential meanings, by deconstructing and reconstructing them. This representation of the city needs a space concept able to replace the classical modern city's oppositions - inside/outside, full/empty, public/private, collective/individual - with the osmosis and the integration of individual phenomena, which have occurred in space and time. Cities of the future, the endless cities of the world, can be conjured up like volumes of landscape which include material and immaterial phenomena as well. They measure forms and actions in space and time, giving back different configurations of them. FuturamaY2K is the image of fluid organizations, of volume of landscape which are made alive and sustained by soft technologies. The project must consider both space and time with multiple and new meanings. The condition for a project to act have been changing. Architecture - and design practice in particular - move towards a project concept as a way to communicate and organize different possible states, leaving back the traditional vision of stable and definitive forms. According to these new conditions, this project can act with great responsibility inside a limited circle, here and now, creating spatial and organizational supports, open to hybridization and evolution, interacting with social phenomena to found a collective meaning of city, and contributing to imagine new possible scenarios.

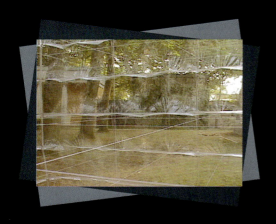

Futurama Y2K(미래계획 2000년) 프로젝트는 유기적인 시스템으로 작용하는 현대 도시가 가질 수 있는 가능한 형상들에 대한 역동적인 이미지를 그려내고 있다. 이러한 형상들은 조화의 연결 지점을 통해 나타난다. 20세기를 통틀어, 미래의 도시는 미리 정의되어 있고, 결코 변하지 않으며, 결정화된 형태와 상태들의 고무적인 이미지들로 묘사되어 왔다. 오늘날, 우리가 미래의 도시를 그려낼 수 있는 방법은 아주 덜 명확하고, 어쩌면 훨씬 덜 고무적이다. 그 방법은 일시적인 관련들과 일시적인 형태들의 유기적 구조를 위한 공간을 고려하고 참작한다. 하지만, 지속적인 물리적, 사회적 변형과정은 해체와 재건을 통해 도시들에 새로운 잠재적 의미를 부여하면서 도시를 살아있게 만든다. 도시에 대한 이런 식의 표현은 공간 컨셉을 필요로 한다. 그 공간 컨셉은 전통적 근대도시의 대립적인 요소들 - 내부/외부, 채워진/ 비워진, 공공의/ 사적인, 집합적인/개별적인 -을 시간과 공간 속에서 발생한 각 현상들의 흡수와 통합으로 대체할 수 있어야 한다. 미래의 도시들. 영구적인 세계의 도시들은 물질적일 뿐 아니라 비물질적인 현상을 포함하는 랜드스케이프처럼 그려질 수도 있다. 그 도시들은 시간과 공간의 측면에서 형태와 기능을 측정하고, 다양한 형상들을 되돌린다. Futurama Y2K는 생명력을 갖도록 만들어진, 그리고 소프트 테크놀로지(태양열 등 자연에너지를 이용하는 과학 기술) 에 의해 유지되는 랜드스케이프의 유동적인 유기적 구조의 이미지이다. 이 프로젝트는 복합적이면서 새로운 목적들을 가지고 공간과 시간을 모두 고찰해야 한다. 프로젝트가 작용하기 위한 조건은 변화하고 있다. 건축-특히 디자인 작업-은 안정적이고 확실히 정의된 형태에 대한 전통적인 시각을 뒤로하고, 소통의 방법으로서 프로젝트 컨셉에 다가서고, 다양한 가능 상태들을 구성한다. 이러한 새로운 조건들에 따라, 이 프로젝트는 제한된 원 내부, 지금 이 곳에서, 공간적이고 유기적인 지원을 창출하여, 막대한 책임을 가지고 작용할 수 있다. 그리고, 도시에 대한 집합적 의미의 기초를 세우기 위해, 사회적 현상들과 서로 영향을 주고 받는다. 아울러 새로이 가능한 시나리오를 상상하는 데 기여하면서, 이종교배와 진화에 자신을 개방한다.

City map

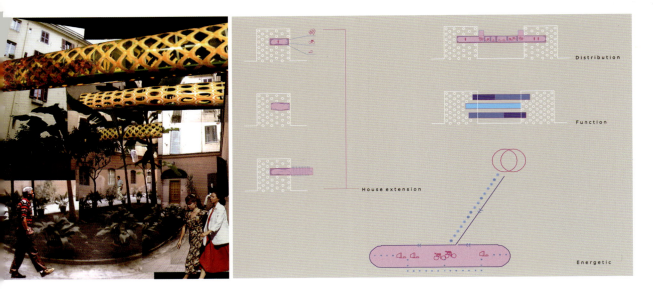

Teletubi
Working at home-exibition Tokyo Japan 2003

Rome is an ever growing urban system, according to a non planned stratification process where the physical need to find new territories must be confronted with the objective reality of distant working system. Testaccio, is the area chosen to set off the in intervention. The district was once a working class settlement, inhabited by workers of meat markets and slaughterhouses. Along the years it has gone through a radical transformation, and today it houses a very heterogeneous residents' target. Today, the living space is also a working space and this is the pattern it's going to follow in the years to come. To extend the living space, instead of transforming its internal organization, is therefore a basic need issuing from two main factors: the social factor and the economical factor. The social factor is strictly connected to the urban evolution of this historical part of Rome, which has promoted an heterogeneous distribution of inhabitants through the areas surrounding the historical districts. The economical factor reflects the change in lifestyle, primarily as a result of a new working concept: the distance working and specialized intellectual working, not requiring a specific place outside one's own house. The teletubes are intended to project the home's space outwards, not designing single units, but creating a new space between the different units. The courtyards blocks, a main feature in Testaccio urban texture, are the best possible scenario to set up this evolution, transforming a traditional housing typology. The house evolves itself, through a virtual space, capable of housing the landscape as a natural space for relax, sport and work. The teletubes, beside projecting the house outdoor, become a connecting space between the two sides of the building. This new approach is intended to promote social exchange, opposed to the classical isolation of people working at home. Working in the tubes means to set off the necessary conditions to create a work/leisure system, free from the overall house economy, and capable of being self sufficient from an energetic point of view. Therefore, the main feature of teletubes is the double system for energy production: self producing energy through physical activity and sun energy exploitation.

DD IaN+

로마(Rome)는 무계획적인 계층화를 따라, 줄곧 성장하는 도시 시스템이다. 그곳에서는, 새로운 영역을 찾고자 하는 물리적 요구가 멀리 떨어져서 실제로 활동중인 시스템의 객관적 현실과 직면해야 한다. Testaccio는 '간섭'을 유발시키기 위해 선택된 지역이다. 이 지역은 한 때 육류시장과 도살장의 노동자들이 살았던 노동자층의 집단 거주지였다. 수년에 걸쳐, 급격한 변화를 겪어왔고, 오늘날에는 매우 이질적인 주민 층을 수용하고 있다. 오늘날, 생활공간은 작업공간이기도 하고 이는 앞으로 다가올 수년동안 이어질 패턴이다. 따라서, 생활공간의 내부 구조를 변형하는 대신, 생활공간을 확장하는 것은 두 가지 요인 즉 사회적 요인과 경제적 요인에서 야기되는 근본적인 요구이다. 사회적 요인은 엄밀히 말하면 로마의 역사적 지역의 도시적 진화와 연관되어 있고, 그 지역은 역사적 지구의 주변 지역에 이질적인 주민들의 분포를 활성화시켜왔다. 경제적인 요인은 집 이외의 특별한 장소를 요구하지 않는 재택근무나 전문직 등 '일'에 대한 새로운 컨셉의 결과로서, 달라진 라이프스타일을 반영하고 있다. Teletube(원격관/원격튜브)는 단독 유닛을 디자인함으로써가 아닌, 서로 다른 유닛들 사이에 새로운 공간을 창출해냄으로써, 집의 공간을 외부로 투사하고자 한다. Testaccio 도시 조직에 있어서 주요 특색인 중정 구획들은 전통적인 주거 유형을 변형하면서, 발전을 일으키기 위한 최고의 가능성 있는 시나리오이다.

주거는 휴식, 운동 그리고 일을 위한 자연의 공간으로서 랜드스케이프를 수용할 수 있는 실질적 공간을 통해 스스로를 진화시킨다. Teletube(원격관/원격튜브)는 집을 외부로 투사하는 것 외에, 건물 두 면 사이의 연결 공간이 된다. 이 같은 새로운 접근은 집에서 일하는 사람들의 전형적인 고립과는 반대되는 것으로, 사회적 변화를 활성화시키고자 한다. 튜브 안에서의 근무는 총체적 가정경제로부터 자유롭고, 에너지라는 관점에서 볼 때에는 자급자족이 가능한 일/여가의 체제를 만들어내는 데 필요한 조건을 드러나게 하고자 한다. 그 결과, teletubes(원격관/원격튜브)의 주요 특색은 육체적 행위와 태양에너지 개발을 통해 에너지를 자가 생산하므로, 에너지 생산을 위한 두 배의 몫을 해내는 시스템이라는 점이다.

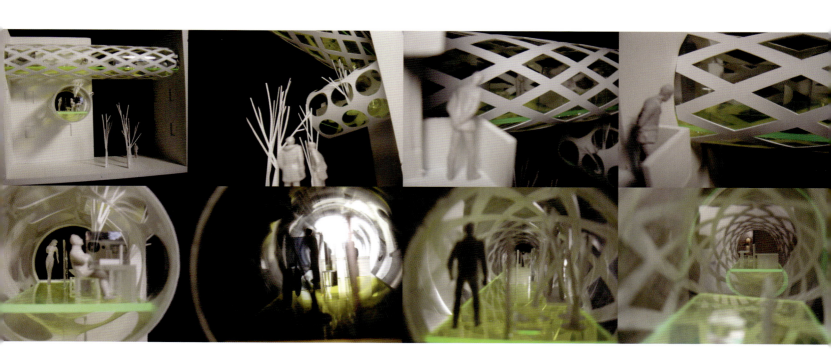

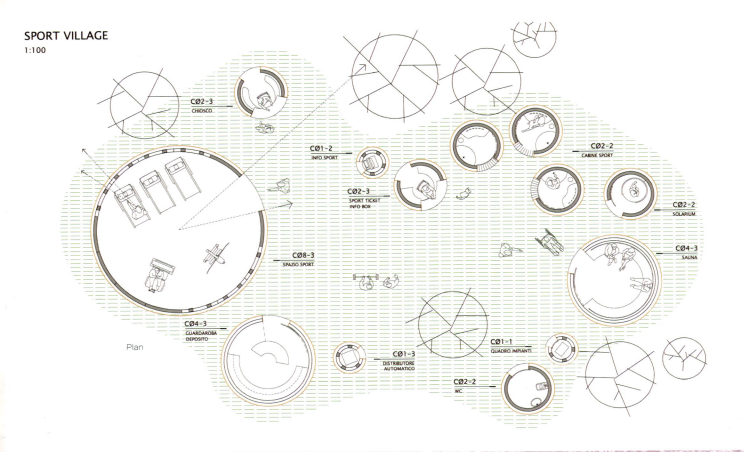

Park lodges
National competition EUR parks Rome Italy 2002 - first prize

IaN+

The project for four large green and equipped areas within the EUR district consists of highly recognizable and landscape integrated elements.The park area concept is very symbolic and representative in itself, easily realizable, assemblable, movable, and capable of setting up a flexible interaction with the notion of park ant its public utility.

We chose the pure and almost metaphysical cylinder shape, whose apparent monumentality is softened by wooden materials and through the application of a very simple building structure: the layers system, capable of lightening the weight of its volumes. The project is not reduced to a single object but extend itself into an open space between different action grounds. While the inner space will host the customers, offering given services, the "space in between" will create an organizational net, through completely equipped "isles". These isles can house an amazing variety of collective services, giving a diversified character to the single areas within the park. To this purpose four modules have been designed: CO 1 (1 mt inner diameter). It can host facility command and control units, info-points and automatic distributors; CO 2 (2 mt internal diameter). Its landscape changes from benches to open stands, kiosks, info-boxes, restrooms and other services; CO4 (4 mt diameter). It is intended to house attraction points for the customers, such as shops, small agencies, users support facilities, internet points, information desks... as well as the technical management of the park, with power plant controls and spaces designed for personnel only; CO8 (8 mt diameter). The inner covered surface, measuring 50 mq can be flexibly distributed according to the needs of the activities it is intended to host. Besides restoration points, and more or less traditional selling points, this module can be provided with a playtime area and a small gym room.

EUR 구역 내 4개의 큰 녹지가 잘 갖추어진 영역에 지어질 프로젝트는 매우 인식하기가 쉽고, 랜드스케이프와 통합된 요소들로 구성되어 있다. 공원구역의 컨셉은 매우 상징적이고, 그 자체가 본래 표상 하는 바가 있다. 그리고 쉽게 실현가능하며, 조립과 이동이 가능하고, 공원의 컨셉과 그 공리성 사이의 유동적인 상호작용을 제안할 수도 있다. 우리는 순수하고 형이상학적인 원기둥 형태를 선택했다. 그 형태의 외견상, 기념비적인 성격은 나무로 된 재료들과, 층의 체계 및 그 부피가 가진 무게를 가볍게 해줄 극히 단순한 건물 구조의 적용으로 다소 완화된다. 이 프로젝트는 하나의 개체로 의미가 축소되지 않고, 그 자신을 서로 다른 행위 영역들 간의 열린 공간으로 확장 시켜 나간다. 내부 공간들이 주어진 서비스를 제공하면서 손님들을 맞이하는 동안, 그 '사이 공간'은 완벽하게 장비를 갖춘 '섬'들을 통해 유기적 조직의 망을 형성할 것이다. 이 '섬'들은 공원 내의 각 영역들에 다양화된 특징을 부여하면서, 놀라울 정도로 다양한 범위의 집합적 서비스 시설들을 수용할 수 있다. 이 목적을 위해 4가지의 기준 단위가 디자인 되었다.

CO1(내부 직경이 1m) CO1은 편의시설에 대한 요구와 통제 시설, 정보의 접점구역 및 자동 배전기 등을 수용할 수 있다. : CO2 (내부 직경이 2m) CO2의 경관은 벤치에서 공공 노점, 키오스크, 정보 센터, 화장실 그리고 다른 서비스에 이르기까지 다양한 모습을 보여준다. : CO4 (직경 4m) CO4는 동력설비시설과 각 개인 전용으로 디자인된 공간을 갖춘 공원에 대한 기술적 관리뿐 아니라, 방문객들에게 인기가 좋은 요소들, 이를테면 상점, 소규모 대리점, 사용자편의시설, 인터넷, 안내 데스크 등을 수용하게끔 계획된다.

CO8(직경 8m) 50 제곱미터 정도로 추정되는 내부 덮개가 씌워진 평면은 수용하기로 되어있는 행위들의 필요에 따라 융통성 있게 분배될 수 있다. 건물을 복원한 지점이나, 전통적으로 다소 수요가 높은 것들 이외에, 이 모듈(단위 치수 디자인)은 유희공간과 소규모의 체육관을 제공받을 수 있다.

Building the Human City
Exhibition design at Fondazione Adriano Olivetti
(with Ma0-2a+p-Molino) Roma Italy 2003

IaN+

Landscape levels
Installation at casa dell'architettura in Rome Italy 2003

The installation Landscapes levels comes out from the reading of Vilem Flusser's "Design Philosophy" and from the reflection IaN+ carries on about the relationship between actions and landscape.

In Flusser's text we read that the term "design" in English is a noun, as well as a verb. As a noun, it means "intention", "purpose", "plan", "plot", "attack", while as a verb it means "to work out something", "to simulate".

The designer, therefore, is a mean conspirator, setting his traps.

In the same contexts, they appear terms like "mechos", from Greek, indicating a device to cheat or "techne", which is related to the word "tekton", meaning carpenter. It results from here that wood is an informal material, to which the artist, or technician, impress a shape.

In latin, the respective word for "techne", is "ars", whose diminution is "articulum", indicating something related to something else. "Ars" means therefore "agility", "ability", and "artifex", the artist, is a swindler.

The artist is a swindler and a con man.

The design is a deception, as the lever, which is a simple machine capable of cheating the gravity force, eluding the rules of nature.

For IaN+ each action on the landscape is an interference, because the landscape is instable and in continuous transformation.

To act is like blocking this transformation, producing a bluff to make the landscape static.

The installation is formed by three suspended circles, causing a defocus of the soil, a duplication.

The suspended circle is an object charged by a conceptual and functional force, bearing an ambiguity of reading and use; it is at the same time a field and a place to sit, an architecture suspended between movement and staticity.

IaN+

설치물 'Landscape levels'라는 작품은 Vilem Flusser의 "디자인 철학"이라는 책의 영향을 받았고, 행위와 랜드스케이프 간의 관계에 대해 Ian+가 계속해서 작업해오고 있는 것들을 반영하고자 하는 데서 나온 것이다. Flusser의 텍스트에서 우리는 영어로 'design'이라는 단어가 동사 뿐 아니라 명사이기도 하다는 내용을 읽게 된다. 명사로서, 'design'은 "의도" "목적" "계획" "구성" "습격" 등을 의미하고, 동사로서는 "어떤 것을 완전히 계획하다" "가장하다" 등의 의미를 가지고 있다. 따라서, 디자이너는 술책을 마련하는 비열한 공모자이기도 한 셈이다.

같은 맥락에서, 디자이너는 속임수를 위한 장치를 지칭하는 그리스어의 "mechos", 로 여겨지기도 하고, 혹은 목수를 의미하는 단어 "tekton"과 관련이 있는 "techne"로 여겨지기도 한다. 목재를 예술가 혹은 기술자들이 형태를 위한 비형식적인 재료로 인용하는 것은 여기서 기인한다.

라틴어로, techne에 대한 개별적인 단어는 "ars"이고, 그것의 축소형은 뭔가 다른 것과 관련된 어떤 것을 지칭하는 "articulum"이다. "Ars"는 "명민함", "능력" 그리고 "artifex"를 의미하고, 예술가는 사기꾼이다.

역시, 예술가는 사기꾼이다.

디자인은 수단으로서의 기만이고, 자연의 법칙을 교묘하게 피해서 중력을 속일 수 있는 단순한 기계이다.

랜드스케이프는 불안정적이고, 계속해서 변형하는 중이기 때문에, 랜드스케이프에 대한 IaN+의 행위는 간섭 혹은 방해이다.

무언가를 행하는 것은 랜드스케이프를 정적인 것으로 만들어내는 허세를 내보이면서, 이러한 변형을 방해하는 것과 같다.

설치는 세 개의 매달린 원들로 형성되고, 흙에 대한 초점을 흐리게 하며, 복제를 야기시킨다.

매달려 있는 원은 개념적이고 기능적인 힘이 부과된 대상이고, 읽고 사용하는 데 있어서 모호한 면을 담고 있기도 하다. 그것은 활동범위인 동시에 앉을 수 있는 자리이고, 동적인 것과 정적인 것 사이에 매달려 있는 건축이다.

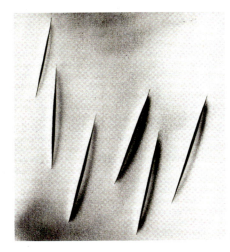
Concept

Elastic box
National competition Luce alla luce ferrara Italy 2001 First prize- realized 2001
Selected for Venice biennale 2004

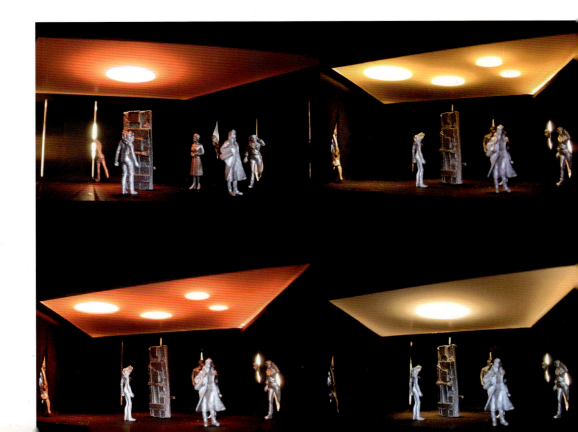

176 177

The project tries to provide an answer to the issues of notice re-thinking of contemporary questions about the space structure for museums, with a special regard to the relationship between works of art, exhibition space and light. The contemporary museums are characterized by a strong image impact, which sometimes overshadows even the exhibited masterpieces. Many museum buildings are so important by themselves to annihilate the works of art, reducing them to fetish. The exhibition spaces have lost their cultural intimacy, with no places for the personal, private reception. Most probably the answer to these questions is to bring back art and architecture to their real purpose, to communicate with every single man, leaving aside the undefined mass of people. In this context it appears evident that the project demands should involve both space and light, since light represents a common topic for architecture, art, industrial design and installation. The formal answer to design a place for exhibition needs a "materic" architecture where light is conceived as a mean to create space. Light is considered as something to look at by itself, gaining a proper individual identity in the space. The proposal is a black elastic box, which encloses the work of art, recreating a domestic, circumscribed, cosy space. The border is a continuous three-dimensional membrane with vertical sharp cuts to be crossed, to be looked through, or to get into the space of art. This way the work is put back into the centre of a man sized space. It goes back to the dimension it was thought for. It gets estranged from the shapeless space of the expo pavilion, recovering its coordinates for the user's benefit. Seen from outside, the installation is a full mass, which expand its inner space and light through cuts on the walls. It is an attractor, a "catalyzer", a deformable case. To cross the case means to jump dimensionally into the void, a void that is gauged and embrace the work of art without interfering with it. A void that is a three-dimensional scene, capable of recreating the intimacy necessary for a fully aware understanding of the work. The inner light crossing the walls' cuts is like a brain impulse, changing in intensity because of inner variations. Inside the box, actually, a translucent ceiling panel hides the lights which lighten the work, recording the variation of people inside the box by sensors of their presence. It is a system to record flux. So the light creates a dynamic space gauged on the number of users inside the box in a specific moment. Light is able to modulate the lightening of the room on the size of the single man or of the all people.

IaN+

이 프로젝트는 예술작품, 전시공간 그리고 조명간의 관계에 대해 특별한 관심을 갖는다. 그리고 그 관심을 통해, 미술관의 공간구조에 대한 현대적 문제들을 재고해보려는 논쟁에 해답을 제시하고자 한다. 우선, 현대의 미술관들은 강한 이미지 효과로 특징지어진다. 그런 요소들은 때때로 전시중인 걸작들까지도 빛을 잃게 한다. 많은 미술관 건물들이 그 건물 만으로도 너무 중요해서 예술 작품을 그저 맹목적 애호의 대상으로 가치를 낮추고, 무색하게 하고 있다. 또한, 전시 공간들은 개별적이고 사적인 수용 공간의 부재로 인해, 그들의 문화적 친교성을 상실했다. 이러한 문제에 대한 해답은 아마도 예술과 건축을 그들의 실질적인 용도 혹은 취지로 되돌리고, 군중이라는 정의되지 않은 집단을 고려하지 않은 채, 각각의 사람들과 소통하는 것일지도 모른다. 이러한 정황에서, 빛은 건축, 예술, 산업디자인 그리고 설치미술에 있어서 공통되는 화제이기 때문에, 프로젝트가 요구하는 사항이 공간과 조명 모두를 수반하는 것은 분명하다. 전시 공간을 디자인하기 위한 형태적 해결책은 빛의 효과가 공간을 만들어내는 한 방법으로 계획된 일종의 유성처럼 잠시 빛났다가 사라지는 건축을 필요로 한다. 빛은 공간 내에서 특유의 독자성을 획득하면서, 그 자체로서 바라볼 수 있는 무언가로 여겨진다. 우리가 제안하는 것은 검정색의 탄성이 있는 상자이고, 그것은 길들여지고, 경계가 그어진, 그리고 아늑한 공간을 재현하면서 예술 작품을 감싼다. 경계는, 연속적인 3차원의 얇은 막인 데, 이들은 서로 교차하고, 투시가 가능하다. 더불어, 예술작품의 공간 속으로 들어가는, 수직으로 예리하게 잘린 조각을 지니고 있다. 이러한 방식을 통해, 작품은 인간크기의 공간으로 되돌려진다. 예기되었던 크기로 돌아가는 것이다. 그리고, 사용자의 이익을 위한 역할을 재생시키면서, 엑스포 파빌리온이라는 형태 없는 공간으로부터 멀어져 간다. 외부에서, 전시는 속이 꽉 채워진 덩어리로 보여지고, 벽의 틈새를 통해, 내부공간과 빛을 확산시킨다. 끌어당기는 역할을 하고, 촉매의 역할도 하며, 변형도 가능한 상자이다. 이 상자를 가로지르는 것은 입체적으로 보이드(Void)로 뛰어드는 것을 의미한다. 그 보이드(Void)는 윤곽이 그려져 있어 예술작품을 해치지 않고 둘러싼다. 다시 말하면, 보이드(Void)는 작품을 완벽하게 이해하기 위해 필요한 '친교'를 재현해낼 수 있는 3차원적 배경이 된다. 벽의 틈새를 가로지르는 내부의 빛은 내부변화로 인해 강도의 변화를 겪는 두뇌 충동과 같다. 박스 내에서, 실제로 반 투명한 천장 패널은 작품을 비추는 조명을 숨기고, 사람들의 존재를 감지해내는 감지기를 통해 박스 안에서 사람들의 변화를 기록한다. 그것은 흐름을 기록하기 위한 시스템이다. 그리하여, 빛(조명)은 특정한 순간의 박스 내 사용자수가 측정되는 동적인 장소를 만들어낸다. 빛(조명)은 한 사람 혹은 모든 방문객의 규모에 따라 방의 조명을 조절할 수 있다.

Intimacy
Beyond media 03 7th international festival of architecture in video Florence Italy
Lighting consultant : Targetti

The concept of a space where to exhibit one's own work, using light as a changing element of spatial definition. Light creates outdoor a grid of regular, circular elements, a membrane extending inside a diffused light, intimate, capable of welcoming the visitor in a place isolated from the public space of the exhibition. Here the visitor finds himself in close contact with our work, or can observe it, better spot it, directly from outside. A condition we already experienced with Elastic Box, aiming to isolate and protect the work to be exposed.

누군가의 작품을 전시하고자 하는 공간의 컨셉은, 공간을 정의하는 데 있어서 변화하는 요소로써, 빛을 사용하는 것이다. 빛은 외부에 규칙적인 격자, 원형의 요소들, 그리고 산란된 빛 내부로 확장되는 얇은 막 등을 만들어낸다. 이것은 꽤나 아늑하고, 전시를 위한 공공 공간으로부터 고립된 공간에서 방문객을 반갑게 맞아들인다. 여기서 방문객은 작품과 매우 가까이 접하고 있는 자신을 발견하거나, 외부에서 직접적으로 작품을 주시하고, 보다 능숙히 작품을 알아볼 수도 있다. 우리가 이미 Elastic box에서 경험했던 조건은 전시된 작품을 격리시키고 보호하는 것을 목적으로 하고 있다.

IaN+

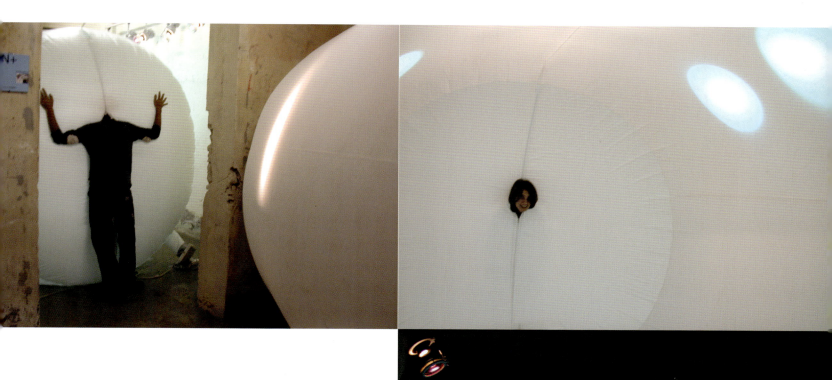

Microutopias
Installation at II Valencia biennal Spain 2003

IaN+

Architecture is the art of space and space is never wasted, there is no need to say is recycled.

A project issuing around two main concepts: recycling architecture and recycling armaments to produce new moving landscapes.

The four aircraft carriers represent the synthesis of our idea of new ecology. (The basically structuring concepts of this new ecology are: the concept of transformation, of relationship - as a process-correlated system - and of temporal evolution.)

In our concept of "new ecology", architecture plays a leading role, because of its integral part of the planning process, which transforms the territory, giving a strong contribution to a radical urban planning renewal, including new concepts, such as project variables, which aim to link human settlement, nature and urban texture.

In Microutopies, the war machines become fleets to host humanitarian interventions: Culture-Artscape; entertainment: Sportscape; housing, Housescape and, finally, Landscape.

It is a project which erase every physical boundary, by moving reality limit beyond the very concept of global.

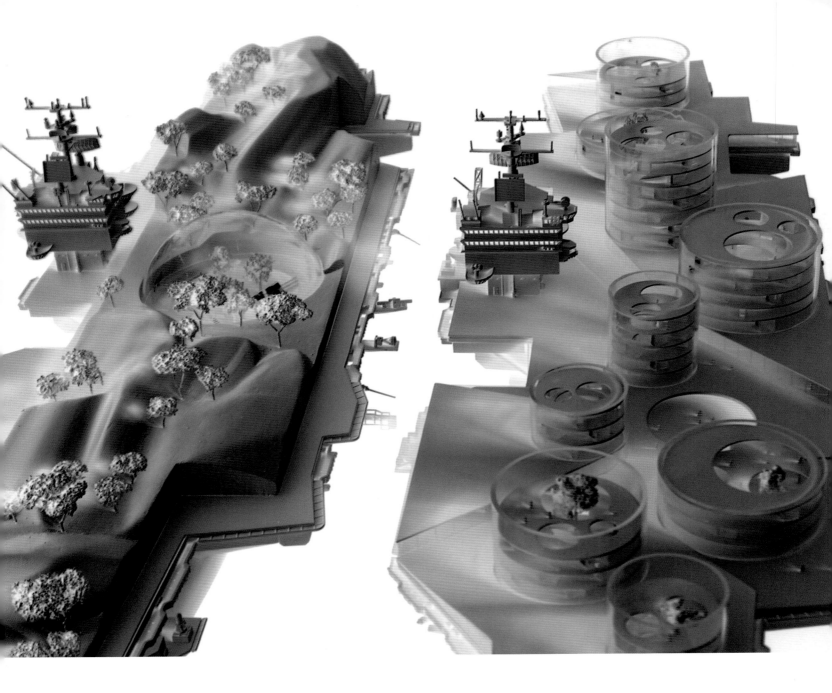

건축은 공간의 예술이고, 공간은 결코 소비되는 것이 아니다. 고로, 재활용된다는 것에 대해 얘기할 필요가 없다.

두 가지 주개념들로부터 프로젝트를 만들어낸다 : 그 두 가지는 바로 건축을 재생하여 이용하는 것과 새로운 움직이는 랜드스케이프를 생산해내기 위해 장비를 재활용하는 것이다.

네 개의 항공모함은 새로운 기술에 대한 우리의 생각을 모두 종합한 것을 표상한다.(기본적으로 이 새로운 생태환경에 대해 구축하고자 하는 컨셉은: 변형,과정과 상호 관련된 시스템으로서의 관계, 그리고 일시적인 진화라는 컨셉이다.

"새로운 생태환경"이라는 우리의 컨셉에서, 건축은 주도적인 역할을 한다. 이는 계획단계에서 반드시 필요한 부분이기 때문이고, 계획 과정에서는 영역에 변형을 가한다. 또한, 사람의 거주지 자연 그리고 도시적 조직을 연결시키는 것을 목표로 하는 프로젝트 변수들과 같은 새로운 컨셉을 포함하면서, 급진적인 도시계획의 부흥에 큰 기여를 한다.)

Microutopia에서, 전쟁 기계들은 함선이 되어, 인도주의적으로 중재 역할을 한다.

Culture-artscape ; 오락 : Sportscape ; 주거 : Housescape 그리고 마지막으로 Landscape

그것은 글로벌 이라는 개념을 넘어 현실의 한계를 이동시킴으로써, 모든 물리적 경계를 지우는 프로젝트이다.

IaN+

Carmelo Baglivo　　Luca Galofaro　　Stefania Manna

Profile

IaN+ (International Architectural Network+)

IaN+
architettura eingegneria
Via Fermo Corni, 6
00156 Rome Italy
tel./fax +39.0686896131
e-mail: ian@ianplus.it
web: www.ianplus.it

DD IaN+

IaN+ was set up in 1997 and materializes around the core of its three members with different professional formation and experience. **Carmelo Baglivo**(1964) and **Luca Galofaro**(1965), design project and theory, **Stefania Manna**(1969) engineering.

IaN+ multy-disciplinary agency aims at being a place where theory and practice of architecture overlap and meet, in order to redefine the concept of territory as a relational space between the landscape and its human user. In each intervention, projects explicitly question the contemporary urban condition through architecture. Construction and building, seen as an open and variable arena, must usher in a permanently repeated encounter between subject and programme. Architecture is thus conceived as a method endowed with independence, like a perpetual updating of a programmatic and topological diagram.

IaN+ participate in many national and international competitions of architecture winning prizes and rewards, parallel to their design production, they are also involved in publications and debates on architecture. Their projects are selected for different exhibitions in Italy and abroad: Venice Biennial 2000-2004, ArchiLab 2000-2001-2002-2003 International Exhibition and Conference for Architecture in Orleans, France; Architopia Utopia Biennial 2002, International Exhibition for Architecture in Cascais, Portugal; Ciudad Ideal in Valencia Biennial 2003; Hipercatalunya at MACBA Barcellona 2003, Bejing Biennial 2004.

Two of their projects, "La casa di Goethe" and "New Headquarter of Fundacio Mies van der Rohe" are integrated into the permanent collection of FRAC Centre (Fonds Regional d'Art Contemporain) which features experimental projects of architecture from the '50 until today.

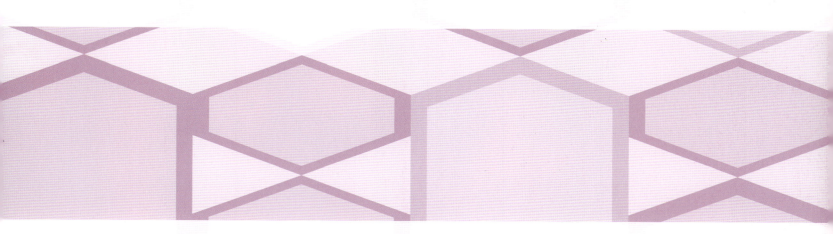

Recent Works

Rome (Italy), Urban Space and Facilities, work in progress (project 2000 - realization 2006)

Rome (Italy), Parking Building Nuovo Salario, work in progress (project 2000 - realization 2007)

Viterbo (Italy), Small Office Building, work in progress (project 2004 - realization 2005)

Frascati (Italy), Project for Renewal of the Urban Environment in Cocciano, work in progress (project 2004 - realization 2006)

Teramo (Italy), Single Housing, work in progress (project 2004 - realization 2005)

Rome (Italy), Research Laboratories Building for "Tor Vergata" University of Rome, work in progress (project 2000 - realization 2004)

Rome (Italy), 98 Residential Units, Ville del Quadrifoglio, work in progress (project 2001 - realization 2005)

Verona (Italy), Underground Parking, (project 2004)

Naples (Italy), Hall, Connection System and Shopping Mall for the Ospedale del Mare, (project 2004)

Milan (Italy), Facade and Public Spaces for the Milan Fair, (project 2003)

Barcelona (Spain), SportCity - HiperCatalunya, Projects for the Development of Catalunya Region, (project 2003)

Tobruk (Libya), Research and Experimental Agricultural Centre, (project 2002)

Rome (Italy), 64 Residential Units, Ville del Quadrifoglio, (project 1998 - realization 2002)

Main Competitions

Riga (Latvia), New Embankment for the Old City, second prize, 2004
Tallinn (Estonia), Tallinn Module, third prize 2004

Siena (Italy), New Stadium, 2004

Frankfurt (Germany), New Headquarter for the European Central Bank, invited team, 2003

Montalto di Castro (Italy), New Theatre, fourth prize, 2003

Pescara (Italy), pescarAmare, invited team, 2003

Osaka (Japan), Osaka Station Area, 2003

Rome (Italy), Design Competition for Re-qualification of the City's Parks Lodge Eur, first prize, 2002

Hannover (Germany), New Headquarter for Niedersachsen's Region, invited team, 2002

Venice (Italy), D40_2 - Info Point for the Biennale of Venice, invited team, 2002

Lubiana (Slovenia), Passenger Centre Ljubljana, 2002

Ferrara (Italy), Luce alla Luce, invited team - first prize, 2002

Valladolid (Spain), Office Buliding, 2002

Azuma Village (Japan), New Tomihiro Museum, 2002

Stralsund (Germany), DMM Deutsches Meeresmuseum, Oceanographic Museum, 2001

Florence (Italy), DADA grows, New Community Spaces - New Headquarter for DADA Company, invited team, 2001

Rome (Italy), Three Parking Areas in Rome, first prize, 2001

Tenerife (Spain), EUROPAN 6, 2001

Darmstadt (Germany), New Congress Centre, invited team, 2001

Milano (Italy), Auchan Shopping Mall, 2001

Zollikon (Switzerland), Public Spaces in Zollikon, invited team, 2000

Almeria (Spain), Singular Housing in Almeria, 2000

Venice (Italy), The City of the Third Millennium, selected project, 2000

Rome (Italy), Italian Space Agency, 2000

French Guyana, Europandom, 2000

Perugia (Italy), Trevi Flash Art Museum, First National Prize for

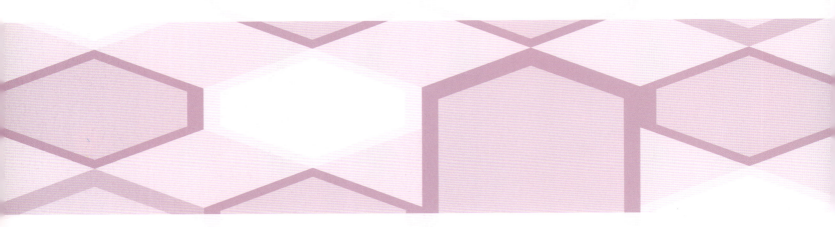

Architecture, second prize, 1999

Dresden (Germany), Square in Turgau, invited team, 1999

Sarajevo (Bosnia), Sarajevo Concert Hall, running up, 1999

Tokyo (Japan), 9th SXL : The house of Goethe, honourable mention, 1999

Almere (Holland), EUROPAN 5, 1999

Rome (Italy), Eur Congress Centre, project selected by the municipality of Rome for the exhibition of architects under 40, 1999

Bari (Italy), Renewal of the Area around the Stadio della Vittoria, 1999

Barcelona (Spain), Head Office Fundacio Mies van der Rohe, honourable mention, 1998

Rome (Italy), Swiss Institute, invited team, 1998

Rome (Italy), Centocelle Park, honourable mention, 1997

Rome (Italy), Centopiazze, second prize, 1997

Exhibitions

Bejing (China), Biennial of Architecture, September 2004

Venice (Italy), Biennial of Architecture, September November 2004

Sevilla (Spain), Intrusiones, Centro Andaluz de Arte Contemporaneo, June 2004

Florence (Italy), Beyond Media - Oltre i Media, 7 International Festival of Architecture in Video, May 2003

Orleans (France), Architectures Experimentales, May 2003

Valencia (Spain), Microutopias, Biennial de Valencia, June October 2003

Barcelona (Spain), Hipercatalunya, Contemporary Art Museum (MACBA), July October 2003

Barcelona (Spain), a+a arquitecturanimacio, Collegi d'Arquitectes de Catalunya, June 2002

Orleans (France), Morphogenesis, Works from the FRAC Collection, May 2002

Orleans (France), ARCHILAB , May 2002

Caserta (Italy), A-factor dimensioni artificiali variabili, June 2002

Florence (Italy), Beyond Media - Oltre i Media, 6° International Festival of Architecture in Video, may 2002

Las Palmas, Canary Islands,(Spain), Centro Atlantico de Arte Moderno, Arquitectura Radical. Interrogando la arquitectura contemporanea , April 2002

Florence (Italy),IaN+ competitions - Interferences with real, SESV, January February 2002

Darmstadt (Germany), IaN+ earthscape , October 2001

Florence (Italy), DADACRESCE "new community spaces", SESV, October 2001

Cascais (Portugal), Achitopia. Biennial Utopia, Utopians Visionaries Futurists Radicals, July 2001

New York (USA), Research Architecture, Selection from the FRAC Centre Collection,

Theme: "City planning and globalization", March 2001

Orleans (France), ARCHILAB, May June 2001

Venice (Italy), Biennial of Architecture, July November 2000

Florence (Italy), iMage - 5° International Festival for Architecture in Video, Architecture Media Player, May 2000

Florence (Italy), New Italian Blood, April 2000

Rome (Italy), Exhibition by the Professional Order of Architects of Rome, March 2000

Rome (Italy), New Italian Blood - IUAV Venice, March 2000

Prague (Czech Republic), Gerico 60, October 2000

Stockholm (Sweden), Travelling Exhibition on Works of Young Italian Architects, November 1999

Rome (Italy), Biennale of European and Mediterranean Young Artists, June 1999

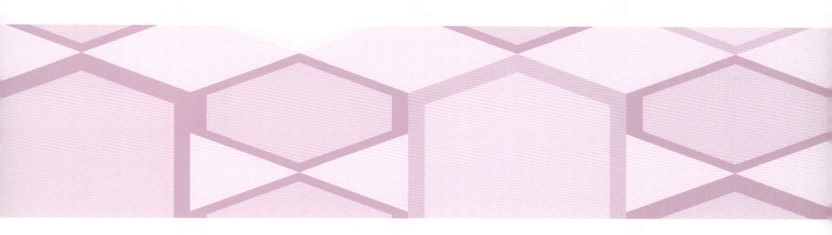

Rome (Italy),Galleria AAMM, Young Architects in Rome,1998

Rome (Italy), Palazzo delle Esposizioni, 100 ideas for Centocelle,1998

Recent Installations

Rome (Italy), Installation for the House of Architecture, 2003

Rome (Italy), Trans:plant -Interior Design for the Exhibition "Building the Human City",2003

Ferrara (Italy), Luce alla Luce Pavilion, Ferrara Fair, 2002

Venice (Italy), Futurama y2k, Venice Biennial, 2000

Lectures and Teaching Experience

Mopko (Korea), International Workshop, 2004

Rome (Italy),Contract Professor, "Universita Roma Tre", 2004

Sevilla (Spain), Centro Andaluzo de Arte Contemporanea, lecture June 2004

Berlin (Germany), TU Berlin, lecture January 2004

Zurich (Switzerland), ETH, lecture April 2004

Pescara (Italy), Universita degli Studi "G. D'Annunzio", lecture April 2004

Milan (Italy), Visiting Professor "Politecnico di Milano", Faculty of Architecture, year 2003

Graz (Austria), Graz Biennial on Media and Architecture, lecture December 2003

Barcelona (Spain), a+a arquitecturanimacio , Collegi d'Arquitectes de Catalunya, lecture June 2002

Pescara (Italy), Faculty of Architecture University of Pescara " G. D'Annunzio", lecture May 2002

Milan (Italy), AT-TRA-VERSO , Politecnico di Milano, Faculty of Architecture, lecture May 2002

Las Palmas (Canary Islands Spain), Interrogando la Arquitectura

Contemporanea, Seminar at the Centro Atlantico de Arte Moderno April 2002

Rome (Italy), Mittelarchitecture - Austrian Cultural Forum, lecture January 2002

Florence (Italy), Faculty of Architecture at the University of Florence, lecture February 2002

Rome (Italy), Faculty of Architecture " La Sapienza" Rome, lecture November 2002

Rome (Italy), Transalpinarchitettura.01, Architecture between Switzerland and Italy, lecture November 2001

Rome (Italy), Rome Programme of the School of Architecture University of Waterloo, lecture November 2001

London (Great Britain), Bartlett School of Architecture, lecture November 2001

Darmstadt (Germany), TU University, lecture October 2001

Chicago (USA), I-dMedia, Workshop at the Summer Institute in Digital Media, UIC University of Illinois at Chicago, July 2001

Milan (Italy), "4 ways to talk about architecture. New generation in comparison", lecture May 2001

Barcelona (Spain), Metapolis Research Programme, Lecture for Post Graduate Program, May 2001

Paris (France), Symposium ISEA 2000, Theme: "City and digital technologies", December 2000

Milan (Italy), Open Rooms. Dialogues for a New Italian Architecture, March 2000

Milan (Italy), La Biennale di Venezia, Section Architecture, lecture September 2000

Pescara (Italy), University of Pescara " G. D'Annunzio", lecture April 2000

Rome (Italy), IN/ARCH - National Institute of Architecture, March 1999

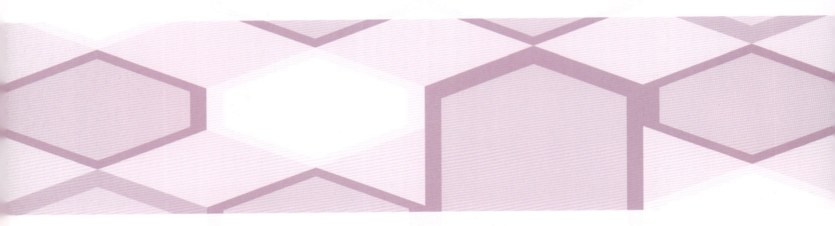

Publications

Digital Odyssey, a new voyage in the Mediterranean, Birkhauser, Basel-Boston-Berlin 2003

Artscape, Gustavo Gili, Barcelona 2003 (by Luca Galofaro)

Ian+ Interferenze con il Reale, Edilstampa, Rome 2003

Ian+ in Cinque Studi, Ed. Librerie Dedalo, Rome 2000

Bibliography

Architectures Experimentales 1950-2000, Imprimerie Blanchard, Orleans 2003

Arcquitectura Radical, Centro Atlantico de Arte Moderna, Gran Canaria 2003

New Offices ,Architecture Plus n 3 - 2003

Archilab 2002, Imprimerie Blanchard, Orleans 2002

Arquitecturanimation, Actar, Barcelona 2002

L'identita dei Confini, l' ARCA n 173 - 2002

Archilab 2001, Imprimerie Blanchard, Orleans 2001

L'architetto in 3D,Veronica Bogl, Capital n 8 - 2000

Venezia. Architettura. Biennale,Abitare n 397 - 2000

Less Aesthetics More Ethic 7° International Exhibition of Venice Biennial, Section Architecture, Marsilio 2000

7° International Architecture Exhibition Competition of Ideas The City of Third Millennim, Marsilio 2000

Archilab-Urbalab 2000, 'Utopie Integree, Sophie Trelcat, l'Architecture d'Aujourd'hui n 328 - 2000

IaN+ La casa di Goethe, Maria Luisa Palumbo, www.architettura.it 15 June 2000

Architetture.Video, arte e installazioni al posto di disegni e maquettes. E' la VII Biennale di Venezia, Casa Vogue, Supplemento n 4 Vogue Italia, June 2000

Visioni, by Massimiliano Fuksas, l'Espresso n 22, 1 June 2000

Chantiers du XXI siecle. L'architecture en transe, Annick Rivoire, Liberation 13 May 2000

Sondare nuovi linguaggi, l'ARCA n 148 - 2000

Archilab, Orleans 2000, Imprimerie Blanchard, Orleans 2000

Vision d'avenir, Il Progetto n 6 - 2000

Made in Europe, d'Architettura n 4/20 - 1999

1°Premio Nazionale di Architettura,Trevi Flash Art Museum, Giancarlo Politi Editore, Milan 1999

New Italian Blood, Architects under 36 - Projects Award Winning in International Competitions Editrice Librerie Dedalo , Rome 1999

Shinkechiku-sha, 9th SXL International Competition,JA, Spring 1999

Mies van der Rohe Foundation Competition, 2G Editorial Gustavo Gili, Barcelona 1998

Credits:

IaN+ design project : Carmelo Baglivo, Luca Galofaro

IaN+ engineering : Stefania Manna

Microutopias 4 Portaerei with Marco Galofaro

Parking Roma Nuovo Salario - Park Lodges EUR - Darc info-point with Laura Negrini

Urban Space Falcognana (first project) - with Laura Federici

Italian Space Agency with Gorjux Associati

New Headquarter for Niedersachsen's Region - with Hans Witschurke

Futurama y2k - with Andrea Boschetti, Marcello Fodale, Antonio Longo, Paola Pimpini, Roberto Roccatelli, Gerardo Marmo, Emanuel Lancerini.

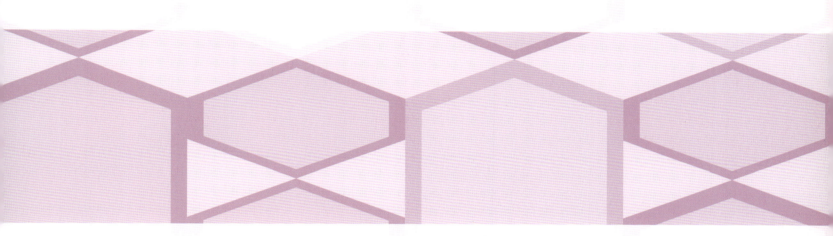

Design Team 2003-2004:

Philipp Buenger

Serena Mignatti

Giuseppe Vultaggio

Cristina Capanna

Design Team Sportcity 2003:

Marco Galofaro

Urbs_5 (Emir Drahsan, Guillaume Letschert, Lorenzo Sangiorgi, Alexandre Schrepfer)

Collaborators 1998-2004:

Charles Batach, Mathilde Fabre, Carmelia L. Maissen, Gerardo Marmo, Clara Meuer, Bjorn Siedke, Christian Wegscheider, Mariella Tesse, Stefano Germoni, Maria Antonietta Motta, Laura Pistoia, Roberto Sanna, Andreas Fauner, Andrea Klinge, Leila Cantamessa, Giancarlo Poli, Andrea Fornello, Sebastian Winance, Richard Di Giacomoadrea, Sandra Hoffmann, Luca Cerra, Giuseppina Bellapadrona, Anna Schirato, Mareike Kunze, Andrea Klinge, Sebastian Winance, Andrea Solari, Leila Cantamessa, Alex Valentino, Sandra Hoffman, Giancarlo Poli, Sascha Richter, Alessandra Faticanti, Bebo Ferito, Irene Dall'Aglio, Jessica Lange, Loredana Modugno, Leo Sguera, Lian Pelicano